<그리스도인이면 꼭 알아야 할 성경 지식>

재판관기

인간 쇠락의 법칙을 보여 주는 재판관들의 이야기

서울솔로몬학교 성경연수원

차 례

제 1 과 이스라엘의 불순종과 재판관들의 등장(1-3장) / 5

제 2 과 드보라와 비락의 전쟁, 그리고 재림의 예표(4,5장) / 21

제 3 과 기드온과 삼백 용사의 위대한 승리(6-10장) / 35

제 4 과 성경에 대한 무지가 초래한 입다의 비극(11,12장) / 53

제 5 과 삼손을 통해 본 육신적인 삶의 비참한 최후(13-16장) / 67

제 6 과 배교를 막는 근본적인 해결책(17-21장) / 81

이 책에 인용된 성경 구절은 〈한글킹제임스성경〉입니다.

제1과

이스라엘의 불순종과 재판관들의 등장(1-3장)

『**주**께서 그들에게 재판관들을 일으키셨을 때에 **주**께서 재판관들과 함께하셔서 재판관의 모든 사는 날들 동안에는 주께서 그들을 원수들의 손에서 구원하셨으니, 이는 그들을 압제하고 괴롭히는 원수들로 인한 그들의 신음 소리로 인해, **주**께서 마음을 돌이키셨기 때문이더라』(판 2:18).

재판관들의 등장

여호수아가 죽은 이후로 이스라엘은 여러 가지 면에서 쇠퇴하기 시작했다. 정치적으로는 무정부 상태였고, 사회적으로는 이방인들과 연합했으며, 영적으로는 우상 숭배가 만연해서 타락한 백성들은 하나님과 율법으로부터 돌아서고 말았다. 무엇보다도 그들의 죄에 대해 강력하게 책망하고 율법의 말씀으로 올바르게 인도할 "확실한 지도자" 한 사람이 없었다. "모세"나 "여호수아" 같은 "위대한 지도자"가 없었던 것이다. 당대 최강국이었던 이집트로부터 백성들을 이끌어 내어 하나의 민족을 형성시켰고, 신정 국가의 강력한 통치 기틀인 율법을 전해 주었으며, 백성들을 다스리고 재판하며 하나님과 그들 사이에 중보자 역할을 감당하기도 했던 위대한 지도자 "모세"가 죽은 지 이미 오래되었다. 정복 전쟁을 통해 약속의 땅에 백성들을 정착시켰던 군대 대장 "여호수아"도 이제는 죽고 없다. **바로 이러한 시기에 불안한 정국을 안정시키고 신정 국가를 이끌어 갈 새로운 주역들이 등장했으니, 그들이 바로 "재판관들"(Judges)이었다.**

■ 새롭게 깨달았거나 적용할 내용이 있다면 적어 보세요. ■

재판관기는 어떤 책인가?

1. 재판관들은 누구인가?

"재판관기"는 성경 전체로 보면 일곱 번째 책이고, 역사서로는 여호수아 다음에 나오는 두 번째 책이다. 이 책에 기록된 사건들은 대략 300년(B.C. 1425-1120, 어셔의 연대기) 동안에 일어난 일들이다.

"재판관들"은 "여호수아" 이후부터 "왕정 시대"가 시작될 때까지, "신정 국가의 과도기적인 기간"에 등장했던 지도자들이다. 그들은 "왕"이 아니었기에 세습되지 않았고, "특정 지파"에만 한정하여 선정되지도 않았다. "재판관기"에 등장하는 재판관들은 모두 "열세 명"(학자들에 따라서는 "바락"을 제외시키기도 함)이지만, 사무엘상에 등장하는 "엘리"와 "사무엘"도 당대의 재판관들이었고, 모세나 왕들의 통치하에서 활동했던 재판관들도 있었다(출 22:9, 민 25:5, 신 16:18, 수 24:1, 대상 23:4, 대하 19:5,6 등).

재판관들이 했던 주된 임무를 보면, 첫째, 백성들을 다스렸다. 『**재판관들이 다스리던 때에**』(룻 1:1). 『**또 내가 재판관들에게 명하여 내 백성 이스라엘을 다스리게 하던 때**』(대상 17:10). 그렇다고 해서 "왕"은 아니었다. 왕이 아니었기에 반드시 왕의 지파인 "유다 지파"에서만 나오지도 않았다. 둘째, 이방 민족들의 압제로부터 백성들을 구출하고 그들의 침략을 막음으로써 이스라엘을 지켜냈다. 『**그럼에도 주께서는 재판관들을 일으키사 약탈하는 자들의 손에서 그들을 건져내게 하셨으나**』(판 2:16). 셋째, 백성들 간의 문제를 재판했다. 『**그녀가 에프라임 산지에 있는 라마와 벧엘 사이에 드보라의 종려나무 아래서 거하였는데 이스라엘 자손이 그녀에게 와서 재판받더라**』(판 4:5, cf. 판 5:10; 10:2,3; 12:7,8,11,13; 15:20).

2. "승리의 책" 여호수아 vs. "실패의 책" 재판관기

〈신명기〉	〈여호수아〉	〈재판관기〉
『모세가 죽을 때에』 (신 34:7). →	『모세가 죽은 후』 (수 1:1).	
	『여호수아가... 죽었느니라』(수 24:29). →	『여호수아가 죽은 후』 (판 1:1).
복과 저주에 관한 약속	승리와 번성의 책	실패와 배교의 책
① 순종 : 번성(복) →	정복 전쟁의 승리와 유업	
② 불순종 : 벌(저주) →	→	심판과 압제
③ 회개 : 용서(회복) →	→	재판관들을 통한 회복

"재판관들의 시대"는 일종의 "시험의 기간"이었다(판 2:22; 3:1-4). 첫째, 하나님의 백성이 주님의 뜻대로 약속의 땅에서 온전히 거할 수 있는지, 둘째, 하나님의 신정 통치가 백성들 가운데 온전히 이루어질 수 있는지에 관한 시험이었는데, 이스라엘은 이 시험에서 승리하지 못했고 배교로 나아가고 말았다!

3. 배교의 악순환(판 2:14-23)

배교 → **심판** → **회개** → **회복** → **안식**

우상 숭배 / 이방 민족의 압제 / 회개 / 재판관을 통해서 / 안식

(안식 → 다시 배교로)

"실패와 배교의 책"인 재판관기에서는 "일곱 번의 배교의 악순환"이 발견된다.

■ 인간 쇠락의 법칙 ■

재판관기에서는 심판과 회복이 반복되는 악순환 속에서 이스라엘 백성들이 지속적으로 배교하게 된다. 아무런 소망이 없을 정도까지 쇠락한다. 심지어 마지막 부분에서는 가장 육신적인 재판관 "삼손"이 등장하게 되고, 결국 재판관기는 이렇게 끝이 난다. 『**그 당시에 이스라엘에 왕이 없었으니 사람마다 자기 눈에 옳은 대로 행하였더라**』(판 21:25). 이스라엘의 배교와 타락을 완전히 치유하고 그들을 영원히 회복시키기 위해서는 "왕"이 필요하다! 말하자면 이스라엘이 배교를 종식하고 이방의 압제로부터 영원히 구원받기 위해서는 진정한 왕이신 하나님만이 필요하다는 것이다. 이러한 요구는 재림 때 더욱 절정을 이룰 것이다.

이처럼 인간은 하나님, 곧 진정한 왕께서 개입하지 않으시고 도와주지 않으시는 한 계속해서 쇠락해 갈 수밖에 없다. 이것이 바로 "인간 쇠락(붕괴, 타락)의 법칙"인데, 재판관기는 이 법칙을 잘 보여 준다. 이 법칙은 인간이 어떤 노력을 기울인다 해도 인간 스스로의 힘으로는 자기 자신을 구원할 수 없고, 이 땅에 의와 화평으로 다스려지는 "완벽한 왕국"(지상 낙원)을 결코 세울 수 없음을 보여 준다. 결과적으로 영적이든 도덕적이든 쇠락하고 타락하고 멸망해 갈 수밖에 없는 것이다. 그래서 모든 시대의 경륜은 "완전한 타락과 배교"로 끝나는 것이다!

■ 새롭게 깨달았거나 적용할 내용이 있다면 적어 보세요. ■

4. 일곱 번의 배교 주기와 재판관들

☞ 95페이지 「재판관들의 활동과 전쟁」 지도를 참조하시오.

구분	**배교 주기**	심판 압제한 민족	압제 기간	**구원자 재판관**	이름의 의미	출신 지파	안식 기간
1-2장	배교의 원인 : ① 믿음의 부족, ② 부분적인 순종, ③ 제거하지 않은 우상						
3장	**첫 번째**	메소포타미아	8년	**1. 옷니엘**	강력한 하나님의 사람	유다	40년
	두 번째	모압	18년	**2. 에훗**	함께 연합한	베냐민	80년
	-	필리스티아	-	**3. 삼갈**	멸망시키는 자	-	-
4-5장	**세 번째**	카나안	20년	**4. 드보라** **5. 바락**	꿀벌 벼락, 번개	에프라임 납탈리	40년
6-9장	**네 번째**	미디안	7년	**6. 기드온 (여룹바알)**	베어 넘기는 자	므낫세	40년
	다섯 번째	아비멜렉(내란)	3년	-	-	-	-
10-12장	-	-	-	**7. 톨라**	벌레	잇사칼	23년
	-	-	-	**8. 야일**	빛의 공급자	므낫세	22년
	여섯 번째	암몬 (필리스티아)	18년	**9. 입다**	그가 열 것이다	므낫세	6년
	-	-	-	**10. 입산**	활동적인	유다	7년
	-	-	-	**11. 엘론**	상수리나무	스불룬	10년
	-	-	-	**12. 압돈**	노예의, 섬김	에프라임	8년
13-16장	**일곱 번째**	필리스티아	40년	**13. 삼손**	태양 같은	단	20년
17-21장	배교의 절정 : ① 미카의 종교, ② 벨리알의 자식들과 내전, ③ 무정부 상태						

■ 새롭게 깨달았거나 적용할 내용이 있다면 적어 보세요. ■

실패와 배교의 근본 원인(판 1,2장)

1. 첫 번째 원인 : "믿음의 부족"(판 1:1-15)

이스라엘 백성들은 그들에게 절대적인 권위로 주어진 "율법"을 따라 행하지 않고, "**자기들의 눈에 옳은 대로**" 행했다(판 17:6; 21:25). 일찍이 모세는 이 점에 대해 경고한 적이 있었다. 『**우리가 오늘 여기에서 각자 자기 눈에 옳게 여기는 대로 행하는 그 모든 것들을 따라 너희가** *거기서는* **행하지 말지니라**』(신 12:8). 하지만 이스라엘 백성은 주님을 온전히 신뢰하지 않고 자기들의 눈에 옳은 대로 행했는데, 일례로 "유다 지파"는 카나안인들을 대적하여 싸우고 그들의 땅을 차지하라는 명령을 받았을 때(1,2절), **하나님을 온전히 신뢰하지 않고** "시므온 지파"를 의지했다(3절).

2. 두 번째 원인 : "부분적인 순종"(판 1:16-36)

하나님의 명령은 "카나안 거민들을 완전히 진멸시키는 것"이었으나(신 7:1-5), "유다 지파"는 **골짜기의 거민들을 몰아내지 못했다**(19절). 왜냐하면 하나님보다 적들이 가진 "철병거"를 더 두려워했기 때문인데, 곧 하나님을 첫째로 두려워하지 않았고, 또 하나님을 온전히 신뢰하지 않은 것이 가장 큰 문제였던 것이다. 특히 유다 지파의 "부분적인 순종"은 마치 "도미노 현상"처럼 **이스라엘의 다른 지파들에게도 연쇄적으로 확산되었다**(21,25,27,29,30,31,33,34절).

> 하나님의 명령에 순종하는 일에 있어서, 처음 유다 지파가 무너지자 다른 지파들도 도미노처럼 줄줄이 무너졌다. 적은 누룩이 온 반죽을 부풀게 한다!(고전 5:6, 갈 5:9)

3. 세 번째 원인 : "우상들을 제거하지 않음"(판 2:1-13)

"주의 천사"는 "성별"과 관련하여 이스라엘 백성들을 책망하면서(1-3절), "카나안 땅의 거민들과 어떤 동맹도 맺지 말고 그들의 제단을 헐어 내라!"(2절)라고 경고했다. 일찍이 여호수아도 죽음을 앞둔 마지막 고별사에서 이 부분에 대해 경고한 적이 있었다(수 24:23). 그러나 이스라엘 백성은 "우상들을 제거하고 제단들을 헐어 내고 이방 신들을 버리라"는 명령에 온전히 순종하지 않았다. 설상가상으로 그러한 명령을 "그들의 후대"에게 제대로 전수하지도 못했다. 이 "후대"는 하나님을 알지 못하는 "새로운 세대"(10절)로서 여호수아의 정복 전쟁 당시 하나님께서 카나안 땅에서 이스라엘을 위해 무엇을 행하셨는지 알지 못하는 세대이자, "전쟁을 알지 못하는 세대"였다(판 3:1-4). **다시 말해 이스라엘 백성은 "새롭게 일어난 세대"를 위해 믿음을 제대로 전수하지 못했으니**, 결국 이스라엘 자손들은 하나님의 목전에서 악을 행했고 우상 숭배를 행했으며(11-13절), 그에 따라 "**배교의 악순환**"이 계속 반복되었다(판 2:14-23, ☞ 8페이지, 「3. 배교의 악순환」을 참조하시오).

주의 천사의 경고에서 발견되는 예표(1-3절)	
① 이집트에서 올라오게 함(1절)	구원
② 조상에게 맹세한 땅으로 인도함(1절)	거듭난 영을 천상에 앉힘(엡 2:5,6)
③ 이스라엘과 세운 언약을 어기지 않음(1절)	구원의 영원한 보장
④ 카나안 땅의 거민들과 동맹을 맺지 말라고 명령함(2절)	성별
⑤ 카나안 땅의 거민들을 가시와 올무가 되게 할 것임(3절)	성별하지 못했을 때의 결과

■ 새롭게 깨달았거나 적용할 내용이 있다면 적어 보세요. ■

첫 번째 재판관 옷니엘에서 삼갈까지(판 3장)

1. 첫 번째 배교와 첫 번째 재판관 "옷니엘"(5-11절)

① 배교 이스라엘 백성들이 하나님의 말씀을 거역하고 이방인들과 결합하여 악을 행했으며, 하나님으로부터 돌아서서 우상 숭배로 나아갔다(5-7절).

② 심판 하나님께서는 이스라엘 백성을 "메소포타미아의 구산리사다임 왕"의 손에 "8년 동안" 팔아 넘기셨다(8절).

③ 회개 이스라엘 백성들이 하나님께 부르짖었고, 이에 주님께서는 고통 속에 부르짖는 이스라엘을 구원할 "재판관"을 세우셨으니, 그가 바로 "옷니엘"이었다(9절).

■ "옷니엘"은 누구인가? ■

❶ "옷니엘"이란 이름의 의미는 "강력한 하나님의 사람, 하나님의 사자"이다.

❷ "유다 지파 출신"의(9절) 첫 번째 재판관이었다.

❸ "갈렙"의 아우 그나스의 아들이자(9절), 갈렙의 사위였다(판 1:12,13). 갈렙은 "드빌"(기럇세벨) 성읍을 쳐서 그것을 취한 사람에게 자신의 딸 "악사"를 주겠다고 말했는데, 그의 조카 옷니엘이 그 명령을 신실하게 수행했다.

❹ 갈렙은 하나님을 온전히 따랐던 믿음과 용기를 지닌 용사였는데(수 14:6-15), 옷니엘은 자신의 큰아버지이자 장인인 갈렙으로부터 그런 믿음과 용기를 충분히 배웠을 것이고, 그의 본을 온전히 따르려고 했을 것이다. 말하자면 옷니엘은 "준비된 사람"이었다.

④ 회복 하나님의 영이 옷니엘에게 임하셨고, 그분의 능력을 힘입은 옷니엘은 백성들을 재판했으며, 또 그들을 압제하는 이방 민족과 싸워 승리했다(10절).

⑤ 안식 그 결과 이스라엘 백성들은 "40년 동안" 안식할 수 있게 되었다. 『**그 땅이 사십 년을 안식하였으며, 크나스의 아들 옷니엘이 죽었더라**』(11절).

2. 두 번째 배교와 두 번째 재판관 "에훗"(12-30절)

① 배교 "옷니엘"이 죽자 이스라엘 백성들은 또다시 주의 목전에서 악을 행했다(12절).

② 심판 하나님께서는 요단 강 동편에 있는 "모압 왕 에글론"에게 백성들을 "18년 동안" 팔아 넘기셨다. 당시 에글론은 암몬과 아말렉 자손들의 도움을 받아 이스라엘을 공격해 왔다(12-14절).

③ 회개 이때 이스라엘 자손이 부르짖자, 하나님께서는 베냐민 사람 게라의 아들 "에훗"을 백성들을 구해 낼 구원자로 세우셨다(15절).

■ "에훗"은 누구인가? ■

❶ "에훗"이란 이름의 의미는 "함께 연합한, 위엄"이다.

❷ "베냐민 지파 출신"의(15절) 두 번째 재판관이었다.

❸ "왼손잡이"로 유명한 재판관이었다. 오른손에 장애를 입고 있는 왼손잡이가 아니라, 오른손과 왼손을 능수능란하게 잘 사용하는 "양손잡이"였다(판 20:15-17). 베냐민 지파에서는 양손잡이 전사들이 많이 나왔다(대상 12:2). 본래 "베냐민"이란 이름의 의미가 "내 '오른손'의 아들"이란 뜻인데, 이러한 베냐민 지파에서 "왼손"도 잘 사용하는 전사들이 많이 나왔던 것이다.

④ 회복 하나님께서는 에훗을 통해 에글론 왕을 죽이시고 약 일만 명의 모압인들을 죽이셨다(15-29절). 에훗에게는 왼손도 쓸 줄 아는 유리한 이점이 있었기에, 그가 에글론 왕에게 선물을 바치는 사절단으로 갔을 때, 에글론의 신하들의 눈을 속일 수 있었다(15-17절). 에훗은 이런 기회를 이용해서 왕에게 "은밀한 용건"이 있다는 말로 속여 주위에 있는 신하들을 물러나게 했고, 왕과 자신, 단둘이 남았을 때 오른쪽 다리 옷 속에 미리 감추어 놓았던 단검을 빼내어 왕을 암살했다(19-22절). 에글론 왕의 부하들은 자기들의 왕이 죽었다는 사실을 전혀 모르는 상태였고, 그러는 사이 에훗은 그곳에서 무사히 빠져나왔다. 이러한 기세를 몰아 이스라엘 백성들은 수많은 모압인들을 죽였고, 모압의 항복을 받아 냈다(23-30절).

⑤ 안식 그 결과 이스라엘 백성들은 "<u>80년 동안</u>" 안식할 수 있었다. 『**그리하여 모압이 그 날로 이스라엘의 손 아래 항복하였으니 그 땅이 팔십 년간 안식하였더라**』(30절).

에글론은 매우 비만했고(17절) 자신을 적에게 무방비상태로 노출할 만큼 어리석은 왕이었다. 그가 얼마나 비만했는가는 그를 찌른 단검을 빼낼 수 없을 정도였다는 사실에서 확인할 수 있다(21절). 그런데 에훗은 에글론을 칼로 찌를 때 『**나에게는 왕께 전할 하나님으로부터 받은 전갈이 있나이다.**』(20절)라고 하면서 찔렀다. 또한 찔렀을 때 그의 배에서 더러운 오물이 쏟아져 나왔다(22절). <u>이것은 영적으로 하나님의 말씀이 어떤 능력을 지니고 있는지 잘 보여 준다. 왜냐하면 하나님의 말씀은</u>

양날 선 예리한 칼이기 때문이다(히 4:12). 거듭난 그리스도인에게도 에훗처럼 "죄인들에게 전할 하나님으로부터 받은 전갈"이 있다. 따라서 복음전파자든지, 성경교사든지, 설교자든지 말씀을 하나님으로부터 받은 사람은 말씀을 전파할 때 그 말씀의 칼로 죄인들을 예리하고 깊숙하게 찔러야 한다. 머뭇거리거나 찌르다 말아서는 안 된다. 설교, 곧 "sermon"이란 단어는 라틴어로 "찌르다"는 의미를 갖고 있다. 따라서 설교자가 말씀의 칼로 회중을 제대로 찌르지 못하면 그 설교는 실패한 것이 된다. 반대로 하나님의 말씀으로 제대로 찌르면, 에글론 왕의 배에서 더러운 오물이 쏟아져 나왔듯이, 강하게 찔림을 받은 사람이 더러운 것들을 밖으로 토해 내게 되어 있다. 그래서 죄인이 회개하고 예수 그리스도를 믿든지, 성도가 자기 안에 있는 더러운 것들을 회개하고 버리고 새롭게 헌신하든지 하는 반응을 나타내게 되는 것이다. 문제는 "하나님의 말씀으로 상대방을 제대로 찔렀느냐"는 것이다!

3. 세 번째 재판관 "삼갈"(31절)

"삼갈"은 이름의 뜻이 "멸망시키는 자, 나그네"이고, 어떤 지파 출신인지는 알 수 없다. 삼갈은 "필리스티아인들"로부터 이스라엘 백성들을 구원했는데, 특히 "소를 모는 막대기"로 600명의 필리스티아인들을 죽였다(31절).

"소몰이 막대기"는 두께가 5-7cm이고 길이가 2.5m 정도 되는 길고 단단한 막대기로 상당히 무시무시한 무기가 될 수 있었다. 영적으로는 이 막대기 역시 에훗이 사용한 단검처럼 "하나님의 말씀"을 상징한다. 왜냐하면 전도서 12:11에서 『**현명한 자의 말**

들은 찌르는 막대기들 같고』라고 말씀하기 때문이다. 그리스도인에게는 하나님의 말씀을 가지고 상대방을 죽이든지, 살리든지 가타부타 확실한 결정을 봐야 할 임무가 주어져 있음을 기억해야 한다. 『**너는 말씀을 전파하라. 때를 얻든지 못 얻든지 항상 대비하라. 모든 오래 참음과 교리로 견책하고 책망하며 권고하라**』(딤후 4:2).

■ 새롭게 깨달았거나 적용할 내용이 있다면 적어 보세요. ■

제1과
복습문제

1. "재판관"의 직분은 "왕"에 버금가는 직분이었기에 세습되었고, 특정 지파에만 한정해서 선정되었다. (O , X)

2. 재판관기에는 총 (　　　　　) 번의 "배교의 악순환"이 나타난다.

3. 재판관들의 시대에 이스라엘 백성이 "실패하고 배교한 근본 원인"은 다음 세 가지이다. 첫째, (　　　　　)이 부족했다. 둘째, 부분적으로 순종했다. 셋째, (　　　　　)들을 제거하지 않았다.

4. 재판관기에 등장하는 "두 번째 재판관"의 이름은 (　　　　　)이다.

5. 삼갈의 "소몰이 막대기"는 에훗의 "단검"처럼 하나님의 (　　　　　)을 상징한다. 이는 『현명한 자의 말들은 찌르는 (　　　　　) 같고』(전 12:11)라고 말씀하기 때문이다.

■ 복습 문제의 정답은 홈페이지(www.solomonbtc.org)에서 확인할 수 있습니다.

NOTES

NOTES

제2과

드보라와 바락의 전쟁, 그리고 재림의 예표(4,5장)

『**주**여, 주께서 세일에서 나가시고 주께서 에돔의 들에서 행진하실 때, 땅이 진동하고 하늘들이 내려 앉았나니 구름들도 물을 내렸나이다. 산들이 주 앞에서부터 녹아 내리니 저 시내 산도 이스라엘의 **주** 하나님 앞에서 녹아 내렸도다』(판 5:4,5).

드보라와 바락의 위대한 승리

1. 네 번째 재판관 "드보라"의 등장과 "바락"의 출전

『너는 납달리 자손과 스불론 자손 일만 명을 데리고 다볼 산을 향하여 가라. 그리하면 내가 야빈의 군대 대장 시스라와 그의 병거들과 무리를 기손 강으로 네게 이끌어 내어 그를 네 손에 넘기리라』(4:6,7).

에프라임 출신의 "여선지자 드보라"('꿀벌')는 에프라임 산지에 있는 라마와 벧엘 사이에 거하면서 이스라엘을 재판했는데, 그녀는 최초의 '여성' 재판관이었다(4,5절). 그런데 성경은 기본적으로 여성이 권위를 행사하는 것에 대해 부정적으로 말씀하기 때문에(사 3:12, 고전 14:34), 드보라를 재판관으로 세우신 것은 매우 이례적이다. 이것은 당시 이스라엘에는 재판관이 될 만한 합당한 남자가 없었음을 보여주고 있다. 이에 하나님께서는 카나안 왕 야빈의 손에서 이스라엘을 구원할 구원자로 "납달리 출신의 바락"('벼락', '번개')을 부르셨다(6절).

그를 부르신 하나님께서는 전쟁과 관련한 구체적인 명령을 알려주시는데(6,7절), ❶ 전쟁을 "지휘"할 장수는 바락(『**너는... 가라**』)이며, ❷ 전쟁에서 함께 할 "전우들"은 『**납달리 자손과 스불론 자손**』임을 알려주셨다. 또한 ❸ 전쟁에 필요한 "병력"(『**일만 명**』)과 전쟁을 위한 "집결지"(『**다볼 산**』)에 관해서도 상세히 일러주셨다. 이뿐 아니라 ❹ 적들과 싸워야 할 "격전지"(『**기손 강**』)는 어디가 될 것이며, 무엇보다 ❺ 시스라와 그의 중무장한 900대의 철병거를 그의 손에 넘기실 것이라는 "승전보"에 관한 내용이다.

이 모든 것은 전쟁을 주관하시는 분이 주 하나님이심을 보여주고 있다. 『**싸**

움이 너희에게 속한 것이 아니라 하나님에게 속하였음이라』(대하 20:15). 따라서 그는 승리의 하나님만을 신뢰하고 나가면 되었다. 다시 말해 최고 사령관이신 하나님의 명령을 수행하기만 하면 된다. 『**이스라엘의 주 하나님께서 이같이 명하지 아니하셨느냐?**』(6절). 하지만 바락은 드보라에게 『**당신이 나와 함께 가지 아니하면 나는 가지 않겠노라**』는 믿음 없는 나약한 태도를 보이며(8절), 그와 함께하시는 "전능하신 하나님"보다는 "여선지자"를 더 의지하고 말았다(수 1:9). 결국 전쟁에서의 위대한 승리에도 불구하고, 모든 영예는 한 평범한 여인 "야엘"에게 돌아갔다(9절).

하나님께서는 모든 영적 전쟁에서 뒷전으로 물러나 방관하는 분이 아니라, 전장의 한복판에서 "직접" 싸우는 분이심을 기억하라. 『**주**께서 바락 앞에서 칼날로 시스라와 그의 모든 병거와 그의 모든 군대를 패주시키시니 시스라가 병거에서 내려 도보로 도망치니라』(15절).

2. "키손 강 전투"의 위대한 승리

『일어나라. 이는 오늘이 **주**께서 시스라를 네 손에 넘겨준 날임이라. 주께서 네 앞서 나가시지 않았느냐?』(4:14)

이제 바락은 스불룬과 납탈리 자손 "일만 명"을 "케데스"(6절)로 불러, 그들을 거느리고 드보라와 함께 타볼 산으로 향한다(10-12절). 이에 시스라는 900대의 "철병거"를 위시한 모든 병력을 하나님의 말씀대로 "키손 강"으로 모은다(13절). 이제 드보라와 바락이 의지할 것은 그들과 함께한 용맹한 일만 명이 아니라, "**하나님의 약속**"이다(14절). 그 약속대로 시스라의 모든 군대를 패주시키고, 심지어 그들의 본거지인 "하로셋"(2절)까지 추격하여 모두 몰살시키는 대단

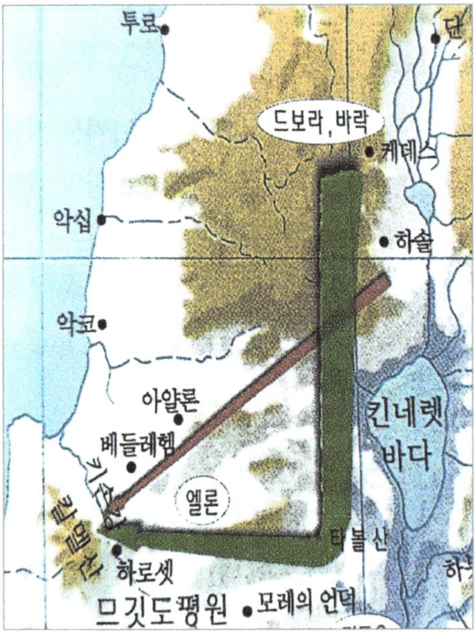

한 승리의 업적을 남기게 되었다(15,16절).

전쟁에 임하기 전에 그가 보여준 믿음은 그다지 온전하지는 못했지만, 하나님께서 "그분의 이름과 이스라엘"을 위해 전쟁에서 승리하게 하셨고, 심지어 그의 이름을 히브리서 11장의 "믿음의 전당"에 등재하도록 하셨다. 『**내가 무슨 말을 더 하리요? 기드온, 바락, 삼손, 입다, 다윗, 또한 사무엘과 선지자들에 관하여 말하려면 내게 시간이 부족하리라**』(히 11:32).

이렇듯 하나님께서는 그를 위대한 믿음의 영웅으로 인정해 주신 것인데, 결국 그의 연약함은 가리시고 오히려 그의 믿음을 부각시키신 것이다. 이는 기본적으로 신약이 예수 그리스도의 보혈에 근거한 은혜의 법칙이 작용하고 있기 때문이다.

3. 시스라의 최후와 이스라엘의 승리

> 『헤벨의 아내 야엘이 장막의 못을 갖고 그녀의 손에 망치를 들고 가만히 그에게 들어가서 그 못을 관자놀이에 대고 박아 땅에 꽂으니 이는 그가 쉬 잠들어 있었으며 피곤하였음이라. 이에 그가 죽으니라』(4:21).

모든 부하들을 잃은 시스라는 이제 홀로 하솔 북쪽 『**케데스 곁에 있는 사아**

나임 평원』(11절)까지 도망쳐, 켄인 헤벨의 아내인 "야엘"의 장막으로 피신한다(17절). 하지만 그는 이곳에서 최후를 맞는데, 야엘이 망치로 장막 못을 그의 "관자놀이"에 박아 죽인 것이다(21절). 이것은 또한 시스라가 "적그리스도의 예표"임을 보여 준다. 『**내가 너와 여자 사이에, 또 네 씨와 그녀의 씨 사이에 적의를 두리니, 그녀의 씨는 <u>너의 머리를 부술 것이요</u>, 너는 그의 발꿈치를 부술 것이라." 하시고**』(창 3:15).

시스라를 쫓아 야엘의 집까지 추격해 온 바락은 한 "연약한 여인"의 손에 죽어 있는 그의 시체를 발견하게 된다(22절). 『**주께서 시스라를 여인의 손에 파실 것이라**』(9절)는 말씀이 정확히 이루어졌고, 하나님께서는 『**그 날로**』 카나안 왕 야빈을 이스라엘 앞에 굴복시키시고 멸망시키셨다(23,24절). 또한 이스라엘 백성에게는 40년의 안식을 주셨다(5:31).

■ "머리가 부수어진" 적그리스도의 예표적인 인물들 ■

❶ 야엘의 "장막 못"에 머리가 부수어진 시스라(판 4:21)

❷ 여인이 던진 맷돌 한 짝에 맞아 머리가 부수어진 아비멜렉(판 9:53).

❸ 다윗의 물매에 쓰러져 결국 목이 베인 골리앗(삼상 17:49-51)

■ 새롭게 깨달았거나 적용할 내용이 있다면 적어 보세요. ■

드보라와 바락의 승리의 노래

1. 보복의 날과 아마겟돈 전쟁

『백성이 기꺼이 그들 자신을 드릴 때에 이스라엘을 위해 복수하시는 **주**를 너희는 찬양하라. 오 너희 왕들아, 들으라. 오 너희 통치자들아, 귀를 기울이라. 나, 곧 내가 **주**께 노래하리라. 내가 이스라엘의 **주** 하나님께 찬송하리라』(5:2,3).

드보라와 바락은 하나님의 능력으로 시스라의 900대의 철병거를 물리쳤고, 이스라엘을 "20년"간 압제했던 하솔 왕 야빈을 멸망시켰다. 이렇게 전쟁에서 승리하던 날, 드보라와 바락은 "위대한 승리의 찬가"로 위대하신 하나님께 영광을 돌리고 있다. 이 노래는 2절부터 31절까지 전체 30개 구절로 이루어진 긴 노래이다. 하지만 이것은 단순한 시나 노래가 아니라 장차 일어날 일들에 대한 "예언"이다. 그것도 "재림"에 관한 예언이다. 즉, 재림 때 일어날 "**아마겟돈 전쟁과 위대한 승리**"를 예언하는 노래이다. 특히 이 노래에서 언급되고 있는 『**왕들**』과 『**통치자들**』은 재림 직전에 아마겟돈으로 모이게 될(계 16:16) 세상의 왕들, 특히 "**동방의 왕들**"(계 16:12-14)을 나타낸다. 그러므로 이 노래를 시적으로나 비유적으로 해석해서는 안 되고, 문자 그대로 일어날 실제적인 사건으로 받아들여야 한다.

이 노래의 주제는 『**이스라엘을 위해 복수하시는 주**』이며(2절), 이것은 선지서들에서 자주 발견되는 재림에 관한 주제이기도 하다. 따라서 주님의 재림은 이스라엘을 위해 이방인들에게 보복하시는 『**주의 보복의 날**』(사 34:8)이며, 또한 이스라엘에 대한 모든 논쟁을 끝내시는 『**논쟁에 대한 보상의 해**』(사 34:8)이기도 하다. 또한 이날은 『**우리 하나님의 복수의 날**』(사 61:2)로, 대적들에게 원수를 갚으시고(렘 46:10, 『**주 하나님의 날이요, 복수의 날**』), 분노와 진노로 이방 위에 복수하시는 날이다(미 5:15). 특히 재림하시는 주님은 음행으로 이 땅을 타락하게 만든 『**큰 창녀**』(로마카톨릭, 계 17:5)를 심판하시어 그분의 종들의 피를 갚으실 것이고(계 19:2, cf. 계 6:10), 또한 맹렬한 진노의 포도즙틀을 밟으실 것이다(계 19:11-19, cf. 계 14:17-20).

그런데 주목할 것은 주께서 이방에 대해 복수하시되, 『**백성이 기꺼이 그들 자신을 드릴 때**』(2절, cf. 9절) 그렇게 하신다는 것이다. 즉 이스라엘 백성이 민족적으로 대대적인 회개를 하고 그들의 마음을 하나님께로 돌이킬 때, 재림하시는 주님께서 이스라엘을 박해하고 괴롭힌 적그리스도와 UN의 2억의 군대를 아마겟돈 전쟁에서 복수하시고 승리하실 것이라는 것이다.

아마겟돈은 "여호사밧 골짜기"(욜 3:2)나 "이스르엘 평원"으로도 언급되는데, 이스라엘 서쪽 지중해와 인접해 있는 "칼멜 산에서 갈릴리 호수"까지 이르는 거대한 "므깃도 평원"이다. 바락은 이 므깃도로 들어가는 입구 하로셋, 곧 키손 강 근처에서 시스라의 부대를 진멸시켰는데(판 4:13-16), 예수님께서는 재림하실 때 이곳 "므깃도"에서 적그리스도를 중심으로 모여든 왕들과 싸우실 것이고 그들을 완전히 진멸시키실 것이다(계 16:13-16).

2. 주님의 재림과 왕의 행로

『**주**여, 주께서 세일에서 나가시고 주께서 에돔의 들에서 행진하실 때, 땅이 진동하고 하늘들이 내려 앉았나니 구름들도 물을 내렸나이다. 산들이 **주** 앞에서부터 녹아 내리니 저 시내 산도 이스라엘의 **주** 하나님 앞에서 녹아 내렸도다』(5:4,5).

예수 그리스도께서는 재림하실 때 가장 먼저 ❶ “시내 산”으로 내려오실 것이고, ❷ “세일과 에돔”을 거쳐 “**왕의 대로**”(King’s Highway)를 따라 북진하실 것이며, 마지막으로 예루살렘 동편에 있는 ❸ “올리브 산”에 서셨다가 동문을 통해 “예루살렘”으로 입성하실 것이다. 예수님께서는 재림하실 때, 출애굽 당시 이스라엘 백성들이 카나안 땅으로 들어가기 위해 올라갔던 경로(사 11:16, 『**대로**[highway]』)를 그대로 거쳐서 올라가실 것이다.

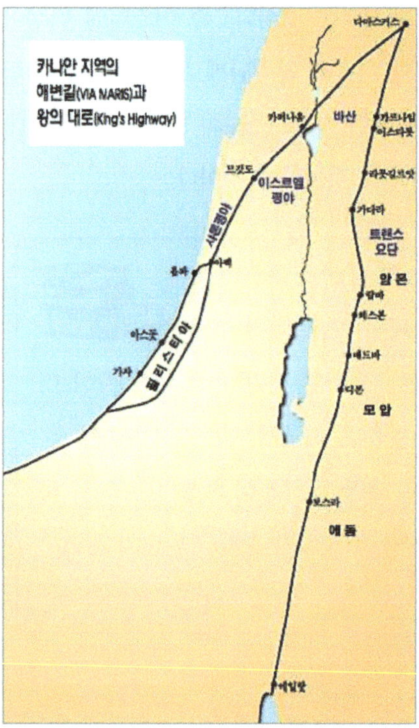

① 시내 산(신 33:2, 판 5:5)
② 파란 광야(신 33:2, 합 3:3, 테만, 파란 산, 에시온게벨)
③ 보스라(사 63:1)
④ 세일 산(신 33:2, 판 5:4, 셀라 페트라, 에돔의 들)
⑤ 디본(민 21:30)
⑥ 헤스본(민 21:21-30)
⑦ 요단(수 3,4장)
⑧ 여리코(수 6장)
⑨ 올리브 산(슥 14:4)
⑩ 예루살렘(마 21:1-11, 겔 46:1,2, 시 24:7, 동문)
⑪ 성전

■ 새롭게 깨달았거나 적용할 내용이 있다면 적어 보세요. ■

3. 적그리스도의 박해와 환란 성도들

『아낫의 아들 삼갈의 날에 야엘의 날에 대로들은 비어 있었고, 여행자들은 샛길로 다녔도다. 촌락들의 거민들이 그쳤도다. 그들이 이스라엘에서 그쳤으므로 나 드보라가 일어났으니, 내가 일어나 이스라엘에서 어미가 되었도다. 그들이 새 신들을 택하였더니 전쟁이 성문들 안에 있었으나, 이스라엘 사만 명 중에 방패와 창이 보였더냐?』(5:6-8).

이스라엘의 역사는 하나님을 떠나 이방 신들을 좇으며, 율법을 버린 "배교"로 점철된 역사이다(신 32:16,17). 이러한 배교는 대환란 때 절정에 달할 것인데, 그때 그들을 강력하게 미혹할 "거짓 선지자"가 등장할 것이고, 적그리스도는 하나님의 성전에 앉아 자신을 하나님이라 주장하며 군림할 것이다. 『**그는 대적하는 자며, 또 하나님이라고 불리는 모든 것과 숭배받는 대상 위에 자신을 높여 하나님의 성전에 앉아 하나님처럼 보여 자신을 하나님이라고 하느니라.**』(살후 2:4). 결국 많은 유대인들이 적그리스도 앞에 무릎을 꿇고 그를 따르게 될 것이다.

이러한 상황 가운데서 배교한 이스라엘이 선택하게 될 『**새 신들**』(8절)은 다름 아닌 "적그리스도와 그의 형상"이 될 것이 분명하다. 왜냐하면 그에게 절하지 않고, 숭배하지 않는 유대인들은 모두 대대적인 박해를 통해 죽임을 당할 것이기 때문이다. 그런 상황 가운데서도 어떤 이들은 박해를 피해 성읍의 은밀한 곳을 찾아 숨을 것이고, 또 어떤 이들은 성읍을 빠져나가 다른 곳으로 피신할 것이다. 『**그러므로 너희가 선지자 다니엘을 통하여 말씀하신 멸망의 가증한 것이 거룩한 곳에 선 것을 보리니, (읽는 자는 깨달으라.) 그때에 유대에 있는 자들은 산들로 도망하라**』(마 24:15,16). 이런 일이 벌어지면, 결국 이스라엘에는 거민들이 현저하게 줄어들고, 사람들이 다니지 않는 대로들은 곳곳이 비어 있게 된다(6,7절).

■ 환란 성도들의 휴거와 부활 그리고 통치 ■

본문 11절의 『**활 쏘는 자들의 소란함**』이란 대환란 때의 전쟁과 고난, 대대적인 박해와 공습 그리고 그로 인한 소란함을 의미하는데, 그런 혼란 속에서 환란 성도들이 "구해 냄"을 받게 된다(vs. 7절).

따라서 활 쏘는 자들의 소란함으로부터 구해 냄을 받은 자들은 환란 끝에 일어날 환란 성도들의 "**휴거**"를 예언적으로 보여 주며, 또한 12절의 『**깨어라… 일어나라… 사로잡은 자를 사로잡아가라**』는 말씀은 환란 성도들의 "**부활**"을 보여준다(사 26:19, cf. 엡 4:8). 그리고 부활한 환란 성도들은 재림 때 이 땅에 내려와 "**통치**"하게 된다(13절, 계 20:4).

4. 위대한 승리와 영원한 안식

『오 **주**여, 주의 모든 원수가 이같이 망하게 하시고, 주를 사랑하는 자들은 힘차게 솟는 태양같이 되게 하옵소서." 하니라. 그 땅이 사십 년 동안 안식하였더라』(5:31).

인류 역사가 말해주듯이 전쟁이 벌어지면 모두가 전심전력으로 함께 싸우는 것만은 아니다. 누군가는 에프라임, 베냐민, 마킬("므낫세"의 아들, 창 50:23), 스불룬, 잇사칼, 바락(납탈리)과 같이 죽기까지 함께 싸우지만(14,15,18,24-27절), 또 다른 한편에서는 르우벤과 단, 아셀 같은 자들도 있다(15-17,23절). 이것은 영적 전쟁에서도 마찬가지이다. 자신을 기꺼이 주님께 드리지도 않고, 자신의 몸을 의의 병기로 드리지도 않는 자들이 있다. 이러한 성도들을 위해 주님께서 싸우실 리는 만무하다. 그런 자들에게는 결코 전쟁에서의 승리가 주어지지 않는다는 점을 명심해야 한다.

한편 재림 때 므깃도에서 일어날 지상 최대의 전쟁은 "가장 빠른 시간 내에" 끝날 것인데, 이는 하늘의 군대를 이끄시는 예수 그리스도, 곧 전능하시고 위대하신 만왕의 왕께서 이 대적들을 단시간에 짓밟으실 것이기 때문이다. 또한 주 예수 그리스도께서 위대한 승리를 이루시는 그 날에는, "시스라의 머리"가 부수어졌듯이(26,27절), "사탄의 머리"가 부수어지게 된다(롬 16:20). 그러므로 의의 태양이신 예수 그리스도께서 모든 원수들을 진멸시키실 재림 때에야 비로소 이 땅에는 안식과 평화가 임하게 되는 것이다(31절). 따라서 이스라엘은 예수님의 재림 때 비로소 회복될 것이고 그들에게 주어진 약속의 땅에서 영원히 안식하게 된다.

다만 이러한 승리와 안식은 본문 2절에서 보았듯이 자신을 기꺼이 드릴 때에만 주어진다. 그러므로 이스라엘은 먼저 주께로 돌아서서 회개하며, 예수 그리스도를 그들의 메시아로 받아들여야 한다.

■ 주를 사랑하는 사람들 ■

주를 사랑하는 사람들(31절)은 누구인가? 자신을 기꺼이 드리는 사람들이다. 주를 사랑하는 성도들은 주께서 재림하실 때 힘차게 솟는 "의의 태양"(예수 그리스도)과 같이 밝게 빛나게 될 것이다(단 12:3). 왜냐하면 구원받은 성도들은 "빛의 자녀"요(엡 5:8), "낮의 자녀"(살전 5:5)이기 때문이다.

이렇듯 구원받은 성도들은 모든 영적 전쟁에서 위대하신 주 하나님을, 특히 재림 때에 원수를 멸하시고 모든 승리로 이끄실 주님을 온전히 신뢰하고 그분을 찬양할 수 있어야 한다.

■ "아마겟돈 전쟁"에 관한 예언적 묘사 ■

❶ 지상에 있는 여러 "**왕들**"이 참여하게 된다(19절).

❷ 재림하시는 주님은 "**하늘의 군대들**"("별들", 20절), 곧 "능력의 천사들"(살후 1:7, cf. 눅 20:36, 유 1:14, 신 33:2)과 함께 내려오신다.

❸ 하늘의 군대와 함께 내려오시는 주님은 므깃도에 모여든 2억의 "**적그리스도의 군대**"를 진멸시키시되 완전히 짓밟으실 것이다(21절).

❹ "**주의 용사들**"이 그분의 뒤를 따를 것이다(22절, 욜 2:1-11; 3:11-16).

❺ 하늘에서 내려오는 군대는 "두 그룹"으로 구성된다(cf. 솔 6:13). 첫 번째 그룹은 구약 시대의 구원받은 이스라엘과 환란 시대에 구원받는 이스라엘로, 이들은 초림 당시 예수님께서 예루살렘에 입성하실 때 나귀 새끼를 타셨던 것처럼 "흰 나귀들을 탄 재판관들"로 묘사된다(10절). 또 다른 한 그룹은 신약 시대의 구원받은 그리스도인들로, 예수 그리스도께서 흰 말을 타고 내려오실 재림 때 흰 말들을 타고 그분을 뒤따르게 될 정결한 세마포를 입은 군대들로 묘사가 되며(계 19:14), 재판관기 5장에서는 "야엘"로 예표되고 있다(24-27절).

■ 새롭게 깨달았거나 적용할 내용이 있다면 적어 보세요. ■

제2과 복습문제

1. 드보라는 여성 재판관이었는데, 이것은 당시 이스라엘 안에 남자로서 재판관이 될 만한 사람이 없었음을 암시해 준다. (O , X)

2. 바락은 위 명령을 들었을 때 드보라가 "함께 출전하지 않으면" 싸우러 가지 않겠다는 믿음 없는 태도를 보였는데, 결국 그는 히브리서 11장의 "믿음의 용사들"의 명단에서 제외되고 말았다. (O , X)

3. 헤벨의 아내 야엘이 망치로 장막 못을 시스라의 "관자놀이"에 박아 그를 죽였는데, 이것은 시스라가 (   )의 예표임을 보여 준다.

4. 재판관기 5장에 나오는 드보라와 바락의 노래는 "승리의 찬송시"이기 때문에 문자적으로 받아들여서는 안 된다. (O , X)

5. 재판관기 5:12에서 "깨어라, 사로잡은 자를 사로잡아가라."라는 말씀은 환란 성도들의 "부활"을 보여 준다. (O , X)

■ 복습 문제의 정답은 홈페이지(www.solomonbtc.org)에서 확인할 수 있습니다.

NOTES

제3과

기드온과 삼백 용사의 위대한 승리(6-10장)

『그 세 부대가 나팔을 불고 항아리를 깨뜨리며 등불을 왼손에 들고 오른손에 잡은 나팔을 불며 소리지르기를 "**주**의 칼이요, 기드온의 칼이라." 하며, 그들이 각자 진영을 에워싸고 자기 자리에 서니 모든 군대가 달리며 부르짖으며 도망치더라』(판 7:20,21).

네 번째 배교와 하나님의 심판(판 6:1-10)

네 번째 재판관이었던 드보라의 지도하에 이스라엘 백성은 40년 동안 안식했다(판 5:31). 그러나 이스라엘은 또다시 주의 목전에서 악을 행했고, 이에 하나님께서는 그들을 징계하고 심판하실 도구로 "미디안"을 사용하셨는데, 그들에 의해 "7년" 동안 괴롭힘을 당하게 하셨던 것이다(1,2절). 그들은 특히 이스라엘이 파종할 때 아말렉 족속과 동방의 자손들과 연합해서 공격해 왔고, 이로 인해 이스라엘 땅은 완전히 황폐해지고 말았다(3-5절). 고난을 당한 백성들은 마음이 매우 낮아져서 다시 회개하고 주님께 부르짖었는데(6절), 이에 하나님께서는 그들에게 한 선지자를 보내시어 그들이 그렇게 고통을 받고 심판을 받는 이유가 무엇인지에 대해 분명하게 책망하셨으니, 곧 그들이 이방의 신들을 두려워한 나머지 주 하나님의 음성에 온전히 복종하지 않은 것이 가장 큰 원인이었던 것이다(10절). 그런 후 그들을 구원할 구원자로 여섯 번째 재판관을 세우셨는데, 그가 바로 "므낫세 지파"의 "기드온"이었다.

■ 새롭게 깨달았거나 적용할 내용이 있다면 적어 보세요. ■

재판관으로 부름을 받은 기도온의 연약함(판 6장)

1. 주의 천사로 나타나셔서 기드온을 부르심(11-14절)

"기드온"은 그 이름의 의미가 "베어 넘기는 자, 벌목하는 자"인데, 나중에 별명으로 주어진 "여룹바알"(32절)의 뜻은 "바알과 싸우는 자"이다.

미디안인들이 두려워서 그들의 눈을 피해 포도즙틀로 밀을 타작하고 있는 기드온을 향해 주의 천사는 『**너 힘센 용사여, 주께서 너와 함께 계시도다.**』(12절) 라고 말씀한다. 이 부르심 앞에서 기드온은 "주님이 우리와 함께 계시지 않고 우리를 버리셨기 때문에 지금과 같은 고난이 임한 것입니다."라고 하소연했다(13절). 그러나 기드온은 그들에게 임한 괴로움과 고난과 질책의 근본적인 원인이 "**하나님의 음성에 복종하지 않은 것**"에 있다는 사실을 간과하고 말았다(10절). 그처럼 연약한 기드온에게 하나님께서는 『**너는 너의 이 힘으로 가서 미디안인들의 손에서 이스라엘을 구하라.**』(14절, cf. 고후 12:9,10)라고 명령하신다. **기드온은 주님의 위대한 부르심과 명령 앞에 모세가 그러했던 것처럼(출 3,4장) 변명과 핑계를 대기 시작한다.** 『**오 나의 주여, 내가 무엇을 가지고 이스라엘을 구원하리이까? 보소서, 나의 집은 므낫세 중에서 가난하고 나는 내 아비 집에서 가장 작은 자니이다**』(15절).

하나님께서는 누군가를 부르실 때 세상적인 관점에서 "유명하고 대단한" 사람을 부르시지 않는다(고전 1:26-28). 하나님께서

는 에훗과 같은 "왼손잡이"를 사용하여 모압인들을 굴복시키셨고, 삼갈처럼 "소 모는 막대기"로 필리스티아인들 600명을 죽이기도 하셨으며, 연약한 한 여인의 손에 들린 "장막의 못"으로 시스라를 죽이기도 하셨다. 이후의 내용들에서도 주님께서는 맷돌짝, 등불, 항아리, 나귀 턱뼈 같은 것들을 사용하셔서 위대한 일들을 이루신다.

2. 표적을 구하는 기드온(16-24절)

하나님께서는 변명을 앞세우는 기드온에게 『반드시 내가 너와 함께하리니』(16절)라는 약속을 주셨고, 기드온은 그 약속을 확증해 주는 표시로서 "표적"을 요구했다(17절). 민족 자체가 표적으로 시작된 유대인은 표적을 구한다(고전 1:22). 기드온이 여기서 구한 "표적"은 문맥상(21절) 희생제가 기적적으로 응답받는 것이었다(cf. 왕상 18:38). 주님께서는 "예물을 가지고 주님 앞에 다시 올 때까지 떠나지 말아 달라."는 기드온의 요청을 들으셨고(17,18절), 바위에서 불이 일어나게 하심으로써 기드온의 예물을 받으셨다(19-21절). 이때 자신이 주의 천사를 뵌 것을 깨달은 기드온은 "이제 죽었구나!" 하며 슬퍼했다. 왜냐하면 주의 천사를 본다는 것은 곧 주를 보는 것이며, 하나님께서 모세에게 『**나를 보고서 살 자가 아무도 없음이니라.**』(출 33:20)라고 하셨기 때문이다. 그런 기드온에게 하나님께서는 "화평"을 말씀하셨고(23절) 기드온은 거기서 제단을 쌓고 그것을 『**여호와샬롬**』(여호와는 화평이시라)이라고 했다(24절).

3. "밤에" 아세라를 베어 낸 기드온(25-32절)

주님께서는 기드온에게 나타나시어 "바알의 제단을 헐고 아세라를 베어 버리라"고 명령하셨다. 그런데 "힘센 용사"인 기드온은 자기 아비의 가족과 성읍 사람들을 두려워하여 그 일을 낮이 아닌 밤에 몰래 수행했다(25-27절). 아침에 그 일이 발각되었을 때도 기드온은 아무 말도 못했고, 그를 끌어내어 죽이려 하는 성읍 사람들에게 아버지 요아스가 변호해 주었다(28-31절).

성경에 기드온의 연약함에 관한 이야기가 기록되어 있는 것은 성경의 영웅들도 인간이라는 것을 보여 주시기 위함이다. **『엘리야는 우리와 같은 성정에 속한 사람이지만, 비가 오지 않기를 간절히 기도하였더니 삼 년 육 개월이나 땅에 비가 오지 않았고』**(약 5:17). 모든 육체는 풀과 같고 사람의 모든 영광은 풀의 꽃과 같으며(벧전 1:24) 가장 좋은 상태에 있는 모든 사람도 다 헛될 뿐이지만(시 39:5), 하나님께서는 연약한 성도들 안에서 "힘센 용사"를 읽고 계신다. 하나님께서 그 사람을 들어쓰시면 그 성도는 "힘센 용사"가 되는 것이다. 성도 자신은 자기 안에 있는 잠재력을 모르지만 하나님께서는 알고 계신다. 하나님께서는 그 성도의 믿음을 보시고 그 안에 있는 "힘센 용사"를 간파해 내시는 것이다.

4. "연약한" 기드온의 계속되는 의심(33-40절)

기드온은 이스르엘 골짜기에 진을 친(33절) 미디안인들, 아말렉인들, 동방의 자손들의 연합 군대와 맞서 싸우기 위해 므낫세, 아셀, 스불론, 납달리 지파가 모여들었음에도(34,35절), 주님께서 자기를 통해 이스라엘을 구원하려 하신다는 사실을 여전히 의심하고 있었다(36절). 그래서 하나님께 "양털"과 관련된 두 가지 요청을 드렸는데, 주님께서는 그 요청을 모두 들어주셨다. 즉 ① 양털 한 뭉치를 타작마당에 놓겠으니, 이슬이 양털만 적시고 그 주위는 마르게 해 주십시오!(37,38절) ② 이번에는 양털만 마르고 땅에는 이슬이 있게 해 주십시오!(39,40절) 이 두 요청을 모두 들어주셨다.

기드온이 "양털"을 가지고 요구했던 방법은 믿음 없는 마음과 잘못된 자세에서 기인했다. 왜냐하면 하나님의 부르심이 너무나 확실하고, 명령과 약속이 분명하게 주어져 있으며, 모든 환경들이 완벽하게 조성되어 있음에도 불구하고(12,14,16,34,35절), 주님께서 약속하신 말씀을 그가 의심했기 때문이다(36절). 하나님의 뜻과 명령이 ① 성경과, ② 내적인 확신과, ③ 조성된 환경과, ④ 주위의 신실한 조언자들을 통해 분명히 제시되었다면 결코 "양털" 따위로 하나님을 시험해서는 안 된다.

물론 하나님의 뜻이 어디에 있는지 확실하게 보이지 않는 경우도 있다. 그런 경우 피터 럭크만 목사는 다음 네 가지 사항을 점검해 보라고 권면한다. ① 성경을 기준으로 모든 일을 판단하고 있는지 점검한다. ② 하나님을 정말로 신뢰하고 있는지 점검한다. ③ 하나님과의 교제가 잘 유지되고 있고, 주님과 동행하고 있는지 점검한다. ④ 기도로 하나님께 지혜를 구하고 있는지 점검한다. 이상 네 가지를 점검해 본 결과 전혀 문제가 없는데도 확신이 서지 않는다면, "연약한" 기드온처럼 "양털"을 꺼내 들 수도 있다. 물론 이 역시 믿음으로 구하는 것이어야 한다.

■ 새롭게 깨달았거나 적용할 내용이 있다면 적어 보세요. ■

기드온의 믿음과 위대한 승리(판 7,8장)

1. 선별된 정예군(7:1-8)

기드온과 출전한 백성들의 수는 32,000명으로, 적들의 규모(135,000명, 8:10)에 비하면 "4배 이상" 적은 규모였지만, 주께서는 그 수가 너무 많다고 말씀하신다(2절). 전쟁은 "사람의 수"로 하는 것이 아니다(삼상 14:6, 슥 4:6, 시 20:7). 그래서 **하나님께서는 인간 스스로 노력해서 이룰 수 있는 모든 가능성을 완전히 차단하시는데, 그 수를 32,000명에서 300명까지, 곧 1% 미만의 수로 줄이셨다(6,7절). 하나님을 신뢰하지 않으면 절대로 이길 수 없는 싸움을 싸우게 하신 것이다**.

최종 300명의 정예군을 선별하신 과정은 다음과 같았다.

첫째, "두려워하고 무서워하는 사람" 22,000명을 집으로 돌려보내신다(3절). 구약에는 "전쟁에 관한 법"으로 전쟁에 참여하지 않아도 되는 네 가지 이유가 있는데(신 20:5-9), ① 새 집을 지어 놓고 봉헌하지 않았을 때(5절, "집"), ② 포도원을 만들어 놓고 열매들을 먹지 못했을 때(6절, "일"), ③ 아내와 정혼하고 그녀를 취하지 못했을 때(7절, "아내"), ④ 겁에 질리고 낙담해 있을 때(8절, "겁")가 그것이다. 전쟁에서 적을 두려워하고 쉽게 겁을 내며 낙심을 잘 하는 군인은 다른 전우들의 사기까지 떨어뜨릴 수 있기 때문에, 용기가 없는 군인에게는 참전할 자격이 주어지지 않는다.

둘째, 남아 있는 10,000명 중에 "무릎을 꿇고 엎드려서 물을 마시는 사람" 9,700명을 탈락시키신다(4-7절). 무릎을 꿇고 엎드려서 물을 마신 사람들은 전방에 포진해 있는 수많은 적들에 대한 경계를 늦추고 자신의 목마름을 채우기에 급급했던 자들이다. 전쟁에서 적을 경계하지 않는 사람은 적의 표적이 된다. 반

면 무릎을 꿇고 앉아 손으로 물을 떠서 개처럼 물을 핥아 마신 자들은 적들에게 틈을 주지 않고 항상 주위에 무슨 일이 벌어지고 있는지 경계를 늦추지 않았던 자들이다. **하나님께서는 두려워 떨지도 않고 항상 깨어 있어 경계를 늦추지 않았던 300명의 정예군만 전쟁에 투입시켜 미디안 대군을 물리치게 하셨다.**

2. 기드온의 위대한 승리(7:9-8:21)

하나님께서는 다시 한번 "위대한 승리의 약속"을 주셨다(9절). 주님께서는 아직도 두려움을 떨치지 못 "힘센 용사"에게 "만일 네가 내려가기를 두려워하면 네 부하 푸라와 함께 군대에게로 내려가라"(10절)고 하셨다. 그 뒤 두 명의 미디안 병사가 꿈 이야기를 나누는 것을 듣게 하심으로써 전쟁의 승리에 관한 확신을 주셨다. 『**기드온이 이르자, 보라, 어떤 사람이 그의 동료에게 꿈을 이야기하여 말하기를 "보라, 내가 한 꿈을 꾸었는데, 보라, 보리빵 한 덩어리가 미디안 군대로 굴러 와서 한 장막에 이르러 그것을 쳐서 무너뜨리고 뒤집으니 장막이 옆으로 무너졌더라." 하니 그의 동료가 대답하여 말하기를 "이것은 이스라엘 사람 요아스의 아들 기드온의 칼 외에 어떤 것도 아니라. 이는 하나님께서 그의 손에 미디안과 그 모든 군대를 넘겨주셨음이라." 하더라. 그러므로 기드온이 그 꿈 이야기와 해석을 듣자 경배드리고 이스라엘 진으로 돌아와서 말하기를 "일어나라. 주께서 미디안 군대를 너희 손에 넘겨주셨느니라." 하고, 그 삼백 명을 세 부대로 나누어 각자의 손에 나팔과 빈 항아리를 들리고 그 항아리**

안에는 등불을 넣었더라』(7:13-16).

미디안 병사들의 대화에서 기드온은 꿈에서 가난한 사람들의 주식인 보리빵으로 상징된다. 『**나의 집은 므낫세 중에서 가난하고 나는 내 아비 집에서 가장 작은 자니이다**』(6:15). 그런데 **그 빵은 기드온을 뜻할 뿐 아니라 "기드온의 칼"을 의미하기도 했다.** 『**이것은 이스라엘 사람 요아스의 아들 기드온의 칼 외에 어떤 것도 아니라**』(7:14). 여기서 빵과 칼은 모두 하나님의 말씀을 상징한다. 『**사람이 빵으로만 사는 것이 아니요 하나님의 입에서 나오는 모든 말씀으로 사느니라**』(마 4:4). 『**하나님의 말씀은 살아 있고 능력이 있어 양날이 있는 어떤 칼보다도 예리하여**』(히 4:12). 따라서 우리는 본문에서 "재림"을 보게 된다. **예수 그리스도께서 아마겟돈 전쟁에 나타나실 때 그 "생명의 빵"(요 6:35)이신 분께서 "그의 입에서" 나오는 "예리한 칼"로 민족들을 치실 것이다(계 19:15).** 영적 전쟁에 관한 교훈은, 우리가 먹은 "빵"을 "칼" 삼아 마귀들과 싸워야 한다는 것이다. 먹어야 전쟁을 치를 수 있듯이, 영적 전쟁 또한 말씀을 먹지 않고는 싸울 수 없다.

미디안 병사들은 그 꿈을 통해 자기들이 전쟁에서 패배할 것이라고 말했고(14절), 이 꿈과 해석을 들은 기드온은 더 이상 하나님의 말씀을 의심하거나 두려워하지 않았다. 오히려 용기와 확신을 얻었고, 이에 하나님께 경배하고 이스라엘 진영으로 돌아왔다(15절). 기드온은 300명을 세 부대로 나누었고(16절), 왼손에는 등불을 넣은 항아리를, 오른손에는 나팔을 들게 했다(16,20절). 그들은 『**중간 경점이 시작될 무렵**』(19절)인 밤 10시와 새벽 2시 사이 야간 기습 공격을 감행했다. 왼손에 든 항아리를 깨뜨리면서 등불을 환하게 밝혔고, 오른손으로는 나팔을 불면서 『**주의 칼이요, 기드온의 칼이라.**』라고 크게 소리를 질렀다(18,20절).

300명이 동시에 항아리를 깨뜨리면서 발산했던 등불의 섬광은 나팔 소리와 함께 큰 소리로 폭발하듯이 터져 나왔을 것이다. 피터 럭크만 목사는 이 불빛이 "300명"의 군인들을 마치 "300개의 대대 병력"이 모인 것처럼 보이는 효과를 낳게 했을 것이라고 말한다. 1개 대대 당 약 800명으로 추산하면, 이것은 전체 240,000명에 달하는 병력으로 보이게 했을 것이다. 그렇게 보면 135,000명이라는 미디안 병력의 약 두 배에 달하는 수가 된다. 이로 인해 미디안 진영에는 일대 커다란 혼란이 생겼다. 이스라엘 백성들의 함성으로 인해 그들은 도망치기에 바빴고(21절) 자기들끼리 쳐 죽이기에 급급하여(22절) 자멸하고 말았던 것이다. 이제 전세는 완전히 기울었고, 기드온의 정예 부대는 미디안인들을 스레랏까지 밀어붙였다(22절). 그리고 그들의 고관들인 오렙과 스엡을 각각 바위와 포도즙틀에서 죽였다(25절). 심지어 미디안의 두 왕, 세바와 살문나를 끝까지 추격하여 붙잡아 죽임으로써 미디안 군대는 전멸하고 만다(8:1-21). 하나님께서 함께하신 위대한 승리였던 것이다!

마침내 기드온은 주님께서 말씀하신 대로 "힘센 용사"의 면모를 드러내었다. **비록 약하고 믿음이 흔들린다 해도 기드온은 어찌되었든 "하나님과의 교제"를 유지했다**. 모든 일이 거기에 달려 있다. "한 사람일지라도 그가 하나님 편에 선 사람이라면 그는 다수이다."(밥 존스 시니어) **성도가 주님과 교제를 유지하고 살고 있다면 주님께서 결정적인 때에 그에게 용기와 힘을 주셔서 그분의 일에 사용하실 것이다**.

주님께서 그 성도를 앞서 가시면서 그의 적들을 혼란에 빠뜨리고 그들의 의도를 망쳐 놓으실 것이다. 우리의 대적이 얼마나 많은지는 전혀 문제가 되지 않는다. 우리가 이기고 그들은 지게 될 것이다!

3. "아마겟돈 전쟁의 예표"가 되는 기드온 전쟁

『이는 주께서 그의 짐의 멍에와, 어깨의 채찍과 그 압제자의 막대기를 미디안의 날에서와 같이 꺾으셨음이니이다』(사 9:4).

1) "동방의 군대"가 "이스르엘 골짜기"에 진을 치고 있었다(판 6:33). ➡ 재림 때 "동방의 2억의 군대"(계 16:12; 9:16)가 "아마겟돈"(계 16:16)에 모인다.

2) "인간의 힘으로는 도저히 이길 수 없는 전쟁"이었다(판 7:6,7 vs. 판 7:12; 8:10). ➡ 재림 때 동방의 2억의 군대가 집결해 있을 아마겟돈 전쟁 역시 "인간의 힘으로는 도저히 이길 수 없는 전쟁"이 될 것이다.

3) 하나님께서는 미디안인들이 서로를 칼로 치게 하셔서 "자멸하도록" 만드셨다(판 7:22). ➡ 재림 때 적그리스도의 군대는 자기들끼리 싸우며 "자멸한다"(슥 14:13, 학 2:22).

4) 기드온에게는 하나님께서 선별하신 300명의 "정예의 용사들"이 있었다(판 7:6,7). ➡ 재림 때 "정예화된 하늘의 군대"가 예수 그리스도의 뒤를 따라 내려온다(계 19:14).

4. 기드온의 실책과 죽음(8:22-35)

기드온이 전쟁에서 승리한 이후 이스라엘은 평안을 되찾았다. 이스라엘 땅이 40년 동안 평안할 수 있었다(28절). 이스라엘 백성들은 위대한 승리로 미디안인들을 물리친 기드온이 그들을 다스리는 "왕"이 되어 주기를 원했으나(22절), 기드온은 이를 거부했다. 그는 "현명하게도" 하나님께서 이스라엘을 다스리시는 "왕"이심을 인정했던 것이다(23절). 그러나 기드온에게는 두 가지 실책이 있었다.

첫째, 기드온은 어리석게도 "재물에 대한 욕심"을 냈고, 그렇게 해서 얻은 금귀고리로 "우상 숭배를 위한 도구"(에봇)를 만들었다(24-27절). 결국 이것이 올무가 되어 이스라엘 백성들이 우상 숭배로 나아가는 결과를 초래했고, 다섯 번째 배교가 시작되는 한 원인이 되고 말았다(33-35절).

둘째, 기드온은 "많은 아내들"을 두었는데(29-31절), 재판관기 9장에서는 그의 첩의 아들 중 하나인 아비멜렉이 반란을 일으키게 된다((9장).

■ 다섯 번째 배교와 하나님의 심판 ■

기드온이 죽은 이후 이스라엘 백성들은 하나님을 버리고 우상들을 숭배함으로써 다시 배교하기 시작했다(판 8:33,34). 다섯 번째 배교가 시작된 것이다. 하지만 이 배교는 기드온이 죽은 후에 시작된 것이 아니다. 기드온의 실책에서 이미 싹트기 시작했다는 점을 기억해야 한다. 이 배교로 인해 재판관기 9장에서는 "내란"이 벌어지게 된다. 전에는 배교가 일어나면 하나님께서 이방 민족들을 통해 심판하셨는데, 이번에는 내부적으로 일어난 혼란과 전쟁을 통해 심판하신다. 이 내란의 직접적인 책임은 불법적으로 왕이 된 아비멜렉에게 있었다.

아비멜렉의 반란(판 9장)

1. 불법적으로 왕이 된 아비멜렉(1-6절)

"아비멜렉"은 "세겜" 출신으로서 기드온의 첩의 아들이었다(판 8:31). 그런 그가 세겜에 있는 자신의 외가 사람들의 힘을 규합하여 반란을 획책해 나갔다(1-3절). 세겜 사람들의 지원을 받은 아비멜렉은 은 70개로 "허영심이 강하고 경박한 사람들"을 사서 70명의 형제들을 죽이고 왕이 되었다(4-6절). 그렇게 불법적으로 취한 왕권을 가지고 그는 3년 동안 이스라엘을 치리했다(판 9:22).

2. 요담의 경고(7-21절)

아비멜렉이 70명의 형제들을 죽일 때 살아남은 한 사람이 있었으니, 막내 아들 요담이었다(판 9:5). 세겜 사람들이 아비멜렉을 왕으로 삼자, 요담은 "그리심 산"으로 올라가서 세겜 사람들을 향해 경고의 메시지를 전했다(7절). "나무들"을 소재로 한 비유를 활용하여 세겜 사람들에게 매우 의미심장한 경고를 했는데, 특히 "가시나무"로 비유되는 아비멜렉이 왕이 되면 그의 통치 기간 동안 백성들을 탄압할 것이라고 저주의 예언과 경고를 했던 것이다(14,15,20절).

3. 내전의 발발과 아비멜렉의 최후(22-57절)

요담은 비유를 통해 왕이 된 아비멜렉이 "가시나무"가 했던 말처럼 불과 가시로 위협하는 독재자가 될 것임을 경고했고(판 9:15), 또한 그를 왕으로 세운 세겜 사람들과 아비멜렉이 서로 싸우면서 자중지란을 일으키게 될 것이라고 예언했다(판 9:20). 아비멜렉의 3년 통치 끝에 세겜 사람들은 아비멜렉에게 반역을 꾀하게 되고(23절), 결국 내전이 벌어지게 된다(24-49절). 이 전쟁에서 아비멜렉은 데베스 성읍을 공격하다가 최후를 맞게 되는데(50-57절), 그가 망대 문에 가까이 갔을 때 어떤 여인이 던진 맷돌 한 짝에 머리를 맞아 두개골이 깨진다(52-54절).

이로써 아비멜렉은 적그리스도의 예표가 된다. 술책으로 권력을 차지하여(단 11:21,22) 불법적으로 왕권을 취했다는 점과 머리가 부서진다는 점(창 3:15, 롬 16:20, 합 3:13)에서 적그리스도의 예표이다. 아비멜렉이 죽자 70명의 형제를 죽임으로 시작된 반역이 종료되었다(50-57절). 아울러 다섯 번째 배교에 대한 심판도 종료되었다.

아비멜렉은 하나님께서 택하신 재판관이 아니었고 이스라엘을 어떤 이방 민족들로부터도 구하지 않았다. 이스라엘이 하나님을 올바로 섬기도록 이끌지도 않았다. 아비멜렉은 하나님과 그분의 말씀과 무관하게 살았던 사람이다. 많은 그리스도인들이 아비멜렉을 닮았다. 어떤 그리스도인은 아비멜렉처럼 사적인 야망을 채우기 위해서 섬긴다. 지역 교회에는 그런 사람들이 있다. 사도 요한은 그런 사람들이 원하는 것은 단지 교회 안에서 으뜸이 되는 것이라고 했다(요삼 1:9). 만물 안에서 으뜸이신 분은 예수 그리스도이시다(골 1:18). 지역 교회에서 으뜸이신 분도 예수 그리스도이시다. "나"는 중요하지 않다. 중요하신 분은 "예수 그리스도"시다. 주님께서는 지역 교회에서 스스로를 높이고 성도들을 지배하려는 자들을 미워하신다(계 2:15). 하나님께서는 "교회를 지배하려 하는 자들"을 미워하신다. 그들은 아비멜렉이 이스라엘을 망가뜨렸듯이 지역 교회를 망치는 자들이다.

아비멜렉 이후와 여섯 번째 배교(판 10장)

1. 일곱 번째 재판관 돌라(1,2절)

"잇사갈" 출신의 "돌라"(이름의 의미는 "벌레")가 에프라임 지역에서 일어나 나라를 안정시키고 외적으로부터 나라를 방어했다. 그는 에프라임 산지 "사밀"에 거하면서 23년 동안 재판했다(2절).

2. 여덟 번째 재판관 야일(3-5절)

"므낫세" 출신의 "야일"(이름의 의미는 "빛의 공급자")은 길르앗 지역 요단 동편에서 일어나 이스라엘을 22년 동안 재판했다(3절).

■ 여섯 번째 배교와 하나님의 심판 ■

(재판관기 10:6-18)

돌라와 야일 사이에는 배교에 관한 기록이 없다. 야일이 죽은 후에 "여섯 번째 배교"가 시작되었다. 백성들이 또다시 주의 목전에서 악을 행하여 주 하나님을 버리고 이방 신들을 섬겼다(6절). 이에 하나님께서는 이스라엘 백성을 필리스티아인들과 암몬 자손들의 손에 넘기셨는데, 18년 동안이나 그들을 괴롭히도록 하셨다. 특히 암몬 자손들을 통해 그렇게 하셨다(7-9절). 고통을 당하던 이스라엘은 다시 하나님께 부르짖었다. 자기들의 죄들을 자백했을 뿐 아니라(10절), 그들 가운데 있던 이방 신들을 치워 버리기까지 했다(16절). 이것은 여호수아가 마지막 유언을 했을 때(수 24장)

진작 했어야 할 일이었다(수 24:23). 일찍이 그 명령에 순종했더라면 배교의 악순환이 재판관기에서 자주 반복되지 않았을 것이다. 성도의 인생에서 "죄의 악순환의 고리"는 반드시 끊어내야 한다. 재판관기를 통해 반드시 배워야 할 교훈이 바로 이것이다.

■ 새롭게 깨달았거나 적용할 내용이 있다면 적어 보세요. ■

제3과
복습문제

1. 기드온이 "양털"을 통해 하나님께 요구했던 모습은 올바른 믿음의 결과였다. (O , X)

2. 재판관기 7:13,14에서 미디안 병사가 꿈을 꾼 내용과 해석에 따르면 "보리빵 한 덩어리"는 (   )의 칼을 의미한다.

3. 기드온이 싸운 전쟁은 (   ) 전쟁의 예표가 된다.

4. 당시 이 전쟁에서 하나님이 미디안인들로 하여금 서로를 칼로 치게 하셔서 자멸하도록 만드셨듯이, 재림 때에도 적그리스도의 군대는 자기들끼리 싸우며 자멸할 것이다. (O , X)

5. 불법적으로 왕이 된 아비멜렉은 한 여인이 던진 맷돌 한 짝에 머리를 맞아 두개골이 깨지게 되는데, 이는 그가 (   )의 예표임을 보여 준다.

6. 성도의 인생에서 "(   )의 악순환의 고리"는 반드시 끊어내야 한다.

■ 복습 문제의 정답은 홈페이지(www.solomonbtc.org)에서 확인할 수 있습니다.

NOTES

제4과

성경에 대한 무지가 초래한 입다의 비극(11, 12장)

『입다가 **주**께 한 가지 서원을 하여 말하기를 "만일 주께서 틀림없이 암몬 자손을 내 손에 넘겨주시면 내가 암몬 자손에게서 평안히 돌아올 때에 나를 맞이하러 내 집 문에서 나오는 것은 무엇이든지 반드시 **주**의 것이 되리니 내가 그것을 번제로 바치리이다." 하더라』(판 11:30,31).

여섯 번째 배교의 주기

여덟 번째 재판관 "야일"이 죽은 이후, 이스라엘 백성들은 또다시 "우상 숭배"를 통해 배교의 늪에 빠져들었다(판 10:6). 그러자 하나님께서는 "필리스티아인들"과 "암몬 자손"으로 하여금 "18년 동안" 이스라엘을 압제하게 하셨다(판 10:7-9). 그들의 압제 속에 심한 고통을 받던 이스라엘은 하나님께 부르짖었고, 이방 신들을 버리는 등 온전한 회개로 주님께 다가섰다(판 10:10-16). "진정한 회개의 부르짖음"을 들으신 하나님께서는 백성들의 비참한 모습으로 인해 매우 슬퍼하셨고(판 10:16), 그들을 구원할 재판관으로 "입다"를 세우셨다.

아홉 번째 재판관 "입다"(판 11:1-11)

1. "창녀의 아들"이었으나 "힘센 용사"였던 입다(1-3절)

『그때 길르앗인 입다는 힘센 용사였고, 그는 창녀의 아들이었는데, 길르앗이 입다를 낳았더라. 길르앗의 아내도 아들들을 낳았더니 그의 아내의 아들들이 자라서 입다를 쫓아내며 그에게 말하기를 "너는 우리 아버지 집에서 유업을 받지 못하리니 이는 네가 타국 여인의 아들임이라." 한지라. 입다가 그의 형제들을 피하여 톱 땅에 거하니 허영심이 강한 사람들이 입다에게 모여 들어 그와 함께 나가더라』(판 11:1-3).

"길르앗" 출신 "입다"는 "므낫세 지파"에 속해 있었고, 그의 이름의 의미는 "그가 열 것이다"이다. 그는 "힘센 용사"였지만, "창녀의 아들"(1절)이라는 이유로 형제들에 의해 쫓겨나(2절) "돕" 땅으로 피신했다(3절). 이 시기에 "허영심이 강한 사람들"(vain men)이 "입다"에게 몰려들었는데(3절), 그들은 "아비멜렉"이 돈으로 고용했던 『**허영심이 강하고 경박한 사람들**[vain and light persons]』(판 9:4)과 달리 "입다"처럼 "용감한 사람들"이었고, 또 입다와 함께 이스라엘의 원수들을 대적해서 용감하게 싸우러 나갔다. 마치 "사울"을 피해 "아둘람 굴"로 피신했던 "다윗"에게로 모여든 "400명의 용사들" 같았다. 『**그러므로 다윗이 그곳을 떠나 아둘람 굴로 피하니... 그때 고난에 처한 모든 자와 빚진 모든 자와 불만을 품은 모든 자가 그에게로 모여들었으니... 약 사백 명이더라**』(삼상 22:1,2).

2. "예수 그리스도의 예표"로서의 입다(1-3절)

〈입다〉	〈예수 그리스도〉
❶ 자신의 형제들로부터 거부를 당했다(2절).	☞ 그분의 백성들과 형제들로부터 거부를 당하셨다(요 1:11).
❷ 창녀와의 음행을 통해 태어났다(1절).	☞ 음행을 통해 태어나신 것은 아니지만, 바리새인들로부터 이와 유사한 비난을 받으셨다(요 8:41).
❸ 자신의 형제들로부터 피신하지 않았다면 그들의 손에 죽임을 당했을 것이다.	☞ 십자가에 스스로 생명을 내어 주시기 전까지 유대인들을 피하지 않으셨다면, 그들의 손에 죽임을 당하실 수도 있었다(눅 4:28-30).
❹ 사회에서 쓸모없다고 여겨지는 사람들을 받아 주었다(3절).	☞ 수고하고 무거운 짐진 자들을 받아 주셨는데, 곧 행위로는 그 어떤 자랑도 할 수 없는 죄인들을 믿음으로 말미암는 은혜를 통해 받아 주신 것이다.

3. 백성들의 "대장"이 된 입다(4-11절)

암몬 자손들이 길르앗에 진을 치고 전쟁을 일으키려 하자(4절), "길르앗 사람들"은 그들이 쫓아냈던 "입다"에게 도움을 요청했다(5,6절). **『그들이 입다에게 말하기를 "와서 우리의 대장이 되라. 우리가 암몬 자손과 싸우려 하노라." 하자』**(6절). 물론 "입다"는 자신을 대장으로 삼으려 하는 그들의 "진정성"을 의심했다. 그래서 처음에는 "과거에 그들이 자기를 부당하게 대우했던 일"로 인해 불편한 심기를 내비쳤다(7절). 하지만 그들이 "주 하나님" 앞에서 약속하는 모습을 보고, "그들의 우두머리와 대장이 되는 조건"으로 전쟁에 싸우러 갈 것을 결정하게 된다(8-11절).

> 이에 "입다"는 암몬인들과 싸우기 위해 길르앗 백성들이 진을 치고 있던 "미스페"로 갔고(11절, cf. 판 10:17), "길르앗인들"은 바로 이 "미스페"에서 "입다"를 우두머리와 대장으로 삼았다(11절). 하나님께서는 이 전쟁에서 "입다"를 들어 쓰시어 암몬 자손을 패주하게 하셨고, 히브리서 11장의 "믿음의 전당"에 그의 이름이 올라가게 해 주셨다(히 11:32).

하지만 여기서 우리는 "입다"의 연약한 모습을 보게 되는데, 이는 그가 "하나님과 그분의 백성"을 위해 싸우러 나간 것이 아니기 때문이다. "입다"는 이스라엘 백성들을 원수들의 손에서 구원하기 위해서가 아니라, 순전히 "우두머리"와 "대장"이 된다는 조건하에서 싸우러 나갔다. 자신의 위치가 높아지고 백성들의 우두머리가 되기 위해 전쟁에 참전한 것이다.

> 구원받은 그리스도인은 "입다"와 같은 "이기적이고 자기중심적인 마음"이 되지 않도록 자신의 마음을 지켜야 한다. 지역교회 안에서도 스스로를 추켜세우며 "으뜸이 되길 좋아하는 사람"을 보면, 그는

"하나님의 교회"를 망치는 자이므로 그런 사람을 강력하게 책망하고, 그래도 "성경적인 조언"을 듣지 않으면 선한 양 무리를 지키기 위해서라도 그런 자를 쫓아내야 한다. 『내가 그 교회에 편지를 썼으나 그들 중에 으뜸이 되기를 좋아하는 디오트레페가 우리를 영접하지 아니하니라』(요삼 1:9).

암몬 자손과의 싸움에서 승리한 "입다"(판 11:12-33)

1. 적들에게 "최후통첩"을 한 입다(12-28절)

"입다"는 길르앗 백성들의 우두머리와 대장이 되어 암몬 자손들과 싸우러 나갔다. 하지만 그는 처음부터 "물리적으로" 적들과 충돌하지 않았고, 대사들을 보내 소위 "외교"로 문제를 해결하려고 했다(12-27절). 하지만 암몬 자손들은 "입다"의 말에 경청하지 않았다(28절). 우선 그들은 "왜 자기들이 이스라엘에 싸움을 걸어왔는지" 합당한 명분을 내세우기 위해 "역사를 왜곡"했다.

『암몬 자손의 왕이 입다의 사자들에게 대답하기를 "이스라엘이 이집트에서 올라올 때에 아르논에서부터 얍복과 요단까지 내 땅을 빼앗아 갔기 때문이니 그러므로 이제 그 땅을 평화로이 다시 돌려 달라." 하더라』(판 11:13).

사실 이들은 "트집을 잡기 위해" 역사를 왜곡하고 있다. 왜냐하면 이스라엘이 출애굽한 이후 "카나안 땅"으로 들어가려고 할 때, 단 한 번도 "암몬 자손의 땅"을 취하거나 통과한 적이 없었기 때문이다(14-18절). 이것은 "에돔인들"과 "모압인들"과 "암몬인들"의 땅을 건드리지 말라고 하신 "하나님의 명령"에 따른 조치였다. 하나님께서는 왜 그렇게 지시하셨는가? "에돔"은 야곱의 형 "에서"에게 하나님께서 주신 땅이기 때문이다(신 2:4,5). 마찬가지로 아브라함의 조카 "롯"이 그의 딸들과의 관계에서 낳은 족속들, 곧 "모압"과 "암몬"에 대해서도 하나님께서는 그들의 땅을 취하지 말라고 말씀하셨다(신 2:9,19). 심지어 이스라엘 민족이 이들 세 민족의 땅을 통과해 가는 것조차 허락하시지 않았기 때문에 이스라엘은 그들의 경계를 따라 길을 돌아갔을 뿐이다.

암몬 자손이 자기들의 소유라고 주장한 그 땅은 이스라엘 민족이 그들과 전쟁을 하려고 나온 "아모리인들(헤스본 왕 시혼과 바산 왕 옥)과의 전쟁"을 통해 빼앗은 땅이었다(19,20절). 이때 이스라엘이 차지한 땅이 바로 "아르논"에서부터 "얍복"까지와 "광야"에서부터 "요단"까지 그리고 "아모리인들의 모든 지경"이었다(21,22절). 그런데 암몬 자손들이 이 땅을 자기들의 땅이라고 우기며 돌려 달라고 억지 주장을 하면서 싸움을 걸어 온 것이다.

이런 부분과 관련하여 "성경적으로 올바른 역사 인식"을 갖고 있었던 "입다"는 "암몬 왕"에게 다음과 같이 반박하면서 "최후통첩"을 했다.

❶ 위대하신 주 하나님께서 이스라엘을 위해 아모리인들을 쫓아내신 그 땅을 암몬이 차지하겠다는 것이냐?(23절)

❷ 주 하나님께서 차지하라고 하신 그 땅을 이스라엘이 차지하지 않겠느냐?(24절)

❸ 네 주제를 알고 있느냐? 너보다 나은 모압 왕 "발락"이 이스라엘과 싸

운 적이 있느냐?(25절) "발락"은 "발라암"을 고용하여 이스라엘을 저주하려 했지만, 뜻을 이루지 못하고 오히려 하나님께 징계를 받았으니, 발락보다 한참 못한 "암몬 왕 그대"가 이스라엘을 공격한다면 "과연 그대에게 임할 멸망을 피할 수 있겠느냐?"

❹ 지난 300년 동안 이스라엘은 그 땅에서 계속해서 살아왔는데, 너희는 그동안 그 땅을 회복하지 않고 뭐하고 있었는가?(26절) 『**그러므로 내가 네게 죄를 짓지 아니하였으나 네가 나를 대적하여 싸우려고 잘못 행하고 있도다. 심판관이신 주께서 오늘 이스라엘 자손과 암몬 자손 사이를 심판하소서." 하더라**』(27절).

참으로 "입다"가 사자들을 통해 보낸 이 경고의 메시지는 무시무시한 "최후의 통첩장"이었다. **이처럼 성경대로 믿는 그리스도인들은 대적들을 향해 가공할 만한 위력의 펀치를 날릴 수 있는 성경적 지식과 굳건한 믿음과 용기가 있어야 한다!** 그렇게 하기 위해서는 "진리의 말씀"을 잘 알아야 한다. 그렇게 해야 치열한 "영적 전장"에서 "진리의 말씀," 곧 "성령의 칼"로 적들을 한 방에 쓰러뜨릴 수 있다. 우리의 싸움은 단순히 "소수 몇 명"을 대적하는 싸움이 아니다. 때로는 100명, 500명, 1,000명을 대적해서 싸워야 하는 "중과부적"(衆寡不敵)의 싸움이다. **따라서 우리는 그저 한두 명과 오랜 시간을 두고 싸울 겨를이 없다. 진리의 말씀의 칼로 적들을 한 번에 제압하여 쓰러뜨릴 수 있는 "강한 믿음의 용사"가 되어야 한다.**

2. 입다의 승리(32,33절)

어리석게도 암몬 왕은 입다가 보낸 이 "마지막 경고"를 무시했다(28절). 이에 입다는 "주님의 영"을 힘입어 암몬 자손과 싸워 이겼고, 그들을 궤멸시켜 항

복을 받아 냈다(32,33절). 당시 "입다"는 "길르앗"과 "므낫세"를 지나 미스페로 나아갔는데(29절), 이것은 그가 길르앗과 므낫세에서 군사를 모아 미스페에 진을 쳤다는 것을 보여 준다. 참고로 "미스페"는 요단 동편에 위치한 "길르앗의 미스페"로, 그로부터 약 41년 뒤에 마지막 재판관 "사무엘"이 이스라엘의 회개를 이끈 "요단 서편의 미스페"(미스파, 삼상 7장)와 다른 장소이다. "유사한 부분"이 있다면, "입다"는 요단 동편의 미스페에서 "암몬인들"을 무찔렀고, "사무엘"은 요단 서편의 미스페에서 "필리스티아인들"과 싸워 승리했다. 이런 점을 감안해 볼 때, "미스페"는 적들과 싸워 이긴 "승리의 장소"라 할 수 있다.

잘못된 서원과 무지가 초래한 비극(판 11:30,31,34-40)

1. 입다의 끔찍한 서원

『입다가 **주**께 한 가지 서원을 하여 말하기를 "만일 주께서 틀림없이 암몬 자손을 내 손에 넘겨주시면 내가 암몬 자손에게서 평안히 돌아올 때에 나를 맞이하려 내 집 문에서 나오는 것은 무엇이든지 반드시 **주**의 것이 되리니 내가 그것을 번제로 바치리이다." 하더라』(판 11:30,31).

"입다"는 너무 경솔하게 서원하고 말았다. 서원 이후에 뒤따르게 될 상황이나 결과를 신중하게 고려하지 않은 것이다. 『**너는 함부로 입을 열지 말며 하나님 앞에서 마음이 조급하게 되어 말을 내지 말라. 하나님은 하늘에 계시고 너는 땅에 있음이라. 그러므로 네 말수를 거의 없게 할지어다**』(전 5:2). 왜냐하면 하나님께서는 우리가 서원한 것에 대해 반드시 갚기를 원하시기 때문이다. 그래서 서원하고 갚지 못할 바에는 아예 서원하지 않는 것이 더 낫다(전 5:5).

"입다"가 암몬인들과의 전쟁에서 승리하고 돌아왔을 때, 그의 "외동딸"이 탬버린과 춤으로 "아버지의 승리"를 축하하기 위해 제일 먼저 맞이하러 나왔다(34절). 그러자 "입다"는 괴로움 속에서 이렇게 말했다. 『**슬프다, 내 딸이여! 너는 나를 비참하게 하였으며, 너는 나를 괴롭히는 사람 중에 하나로다. 이는 내가 주께 입을 열었으니 돌이킬 수 없음이라**』(35절). 결국 그의 딸 역시 아버지 입다의 서원에 순종했고, "죽기 전에 자기 친구들을 불러 자신의 처녀 됨을 두 달 동안 애곡할 수 있게 해달라는 요청"을 허락받은 후 번제물로 바쳐졌다(36-39절).

사실 "입다"의 이런 행동은 하나님 앞에서 칭찬받을 행위가 아니었으며, 오히려 가증하고 어리석은 행동이었다. 이는 성경에서 "사람을 제물로 바치는 것"을 금하고 있기 때문이다(레 18:21, 출 13:13). 사람을 제물로 바치는 것은 하나님을 믿지 않는 이교도들의 관습이었다(신 18:9,10, 레 20:2, 렘 32:35). "입다"는 길르앗 출신으로 "암몬 접경"에 살면서 "암몬인들의 관습"에 영향을 받은 것이 분명하다. 즉 이스라엘은 모세가 죽은 지 300년도 채 안 되어서 율법의 말씀을 잊어버린 것이다.

2. 입다의 무지가 불러온 더 큰 재앙

한편 "입다"는 "서원을 반드시 지켜야 한다"는 것만 알았지, "잘못된 서원"과 관련해서 "율법에 따라 그 서원에서 돌이킬 수 있는 구제 방법"이 있다는 사실은 전혀 몰랐다. 이런 실상은 "입다"만의 문제는 아니었고, 당시 재판관들이 활동하던 시대의 "이스라엘의 시대상"이기도 했다. 『**그 당시에 이스라엘에 왕이 없었고 <u>사람마다 자기 눈에 옳은 대로 행하였더라</u>**』(판 17:6). 분명 "입다"는 율법에 따라 잘못된 서원에서 돌이킬 수 있는 방법이 있었다(레 5:4-6). 다시 말해 어떤 사람이 서원을 했는데 그 "서원의 내용 자체"가 죄를 짓도록 만드는 것일 때, 그는 그렇게 잘못 서원한 것에 대해 죄를 자백하고 그것을 속죄하기 위한 제물을 제사장에게 가져가면 되었다.

하지만 "입다"를 위시한 이스라엘 백성들은 "율법"을 온전히 알지 못했고, 또 온전히 실행하지도 않았다. 그래서 재판관기 어디를 보더라도, 당시의 이스라엘 백성들이 "모세의 율법책" 중 어느 한 부분이라도 제대로 읽거나 가르치고 설교했다는 말씀을 찾아볼 수 없다. 말하자면 율법을 잊어버린 그들에게 『**주의 말씀들을 듣지 못하는 기근**』(암 8:11)이 임했고, 결국 "입다"와 "그의 딸"의 경우처럼 "끔찍한 비극"이 벌어지고 만 것이다.

결과적으로 『이스라엘의 딸들이 해마다 일 년에 나흘씩 길르앗인 입다의 딸을 애도하러』(40절) 가야 하는 "불필요한 관습"까지 생겨났다. <u>여기서 우리는 "하나님을 아는 온전한 지식"이 없는 것이 얼마나 큰 죄악이며, 또 얼마나 큰 비극을 가져올 수 있는지 배워야 한다.</u> 『나는 자비를 원하고 희생제를 원치 아니하나니, 하나님을 아는 지식이 번제보다 낫도다』(호 6:6).

■ 새롭게 깨달았거나 적용할 내용이 있다면 적어 보세요. ■

내전과 세 명의 재판관(판 12:1-15)

"재판관기 12장"에서는 앞선 9장 이래로 "두 번째 내전"이 일어난다(1-7절). 이것은 "에프라임 지파" 때문에 일어났는데, "입다"가 암몬인들과의 전쟁에서 큰 승리를 거두고 돌아오자, "에프라임 지파 사람들"이 "입다"에게 시비를 걸어온 것이다. 『**어찌하여 암몬 자손과 싸우려고 건너갈 때에 너와 함께 가도록 우리를 부르지 아니하였느냐? 우리가 네 집과 너를 불로 태우리라**』(1절). 이것은 "거짓말"이었다. 분명 "입다"는 "에프라임 지파"를 불렀지만, 그들이 아무런 도움도 주지 않았다(2절). 말하자면 에프라임은 "승리의 영예"를 취하여 그에 상응하는 대우를 받고자 "입다"를 향해 시비를 걸고 있는 것이다.

이로써 "길르앗"과 "에프라임" 사이에 내전이 벌어졌고, 그 결과 "에프라임은 대패하고 말았다(4절). 한편 길르앗은 에프라임이 패배하여 도망갈 때, "요단강" 통로를 막고 서서 그 강을 통과하는 사람들에게 "쉽볼렛"이라고 발음하게 했는데(5절), 그것으로 "에프라임 사람인지 아닌지"를 구분해서 죽였던 것이다. 왜냐하면 에프라임 사람들은 "쉽볼렛"이라는 발음을 잘 못해서 "십볼렛"이라고 발음했기 때문이다. 결국 이런 식으로 해서 "에프라임 사람 42,000명"이 죽었으니, 이것은 결코 적은 숫자가 아니었다. 『**그들이 그에게 말하기를 "'쉽볼렛.'이라고 말해 보라." 하여 그가 그 말을 바르게 발음할 수 없음으로 "십볼렛." 이라고 하면 그들이 그 사람을 붙잡아 요단의 통로에서 죽였으니 그때에 에프라임인들 사만 이천 명이 쓰러졌더라**』(6절). 특히 이것이 "동족 간의 내전"으로 죽은 수였음을 감안하면, 참으로 끔찍한 사건이 아닐 수 없다. 설령 내전을 피할 수 없었다 하더라도 전쟁에서 승리한 길르앗은 도망가는 에프라임을 굳이 추격까지 해서 그렇게 많은 사람들을 죽일 필요가 없었던 것이다. 어쨌든 이렇게 "부정적인 교훈들"을 남긴 "입다"는 이스라엘을 6년 동안 재판했고, 죽은 후에는 "길르앗 성읍들" 가운데 한 성읍에 장사되었다(7절).

"입다" 이후로는 "베들레헴"에서 "열 번째 재판관 입산"이 일어나 7년 동안 재판관이 되었는데, 그에게는 30명의 아들들과 30명의 딸들이 있었다. 그런데 그는 자신의 자녀들을 이방인들과 혼인시킴으로써 율법을 범하고 말았다(8-10절). 그다음으로 "스불론" 사람 "엘론"이 "열한 번째 재판관"으로서 재판했고(11,12절), 그다음에는 "열두 번째 재판관 압돈"이 "에프라임"에서 일어나 8년간 이스라엘을 재판했다. 그의 아들 40명과 조카 30명은 어린 나귀를 하나씩 타고 다녔다고 성경은 말씀하는데(13-15절), 그만큼 그들이 부와 권세를 누렸다는 것을 보여 준다. 비록 이들의 시기에는 이렇다 할 외적의 침입은 없었지만, 모범이 되어야 할 재판관들이 율법을 어기고 부와 권세를 누리는 등 배교는 더욱 가속화되고 있었다. 그런 가운데 재판관들 가운데 "가장 육신적인 재판관"이 등장하게 되는데 그가 바로 "삼손"이었다.

■ 새롭게 깨달았거나 적용할 내용이 있다면 적어 보세요. ■

제4과 복습문제

1. "입다"에게는 허영심이 강한 사람들이 모였기에, 그에게서는 "예수 그리스도의 예표"로서의 모습을 전혀 찾아볼 수 없다. (O , X)

2. 입다가 길르앗의 장로들의 요청에 따라 그들의 대장이 되고 암몬 자손과 싸우려 한 것은 하나님의 영광과 이스라엘의 구원을 위한 "순수한 동기"에서 비롯되었다. (O , X)

3. 암몬 자손들이 원래 그들에게 속한 땅을 돌려달라고 한 요구는 정당한 요구가 아니었고, 이스라엘이 아모리인들과의 전쟁에서 빼앗은 땅을 달라고 하는 "부당한 요구"였다. (O , X)

4. 입다가 자신의 딸을 제물로 드리기로 한 것은 가증하고 어리석은 행동이었다. 율법의 명령에 따르면 "사람을 제물로 바치는 것"이 금지되고 있기 때문이다(레 18:21, 출 13:13). (O , X)

5. "입다"는 그의 잘못된 서원과 관련하여 돌이킬 방법이 있었으나 성경에 무지했기에 자신의 딸을 번제로 드리고 말았다(레 5:4-6). (O , X)

■ 복습 문제의 정답은 홈페이지(www.solomonbtc.org)에서 확인할 수 있습니다.

NOTES

제5과

삼손을 통해 본 육신적인 삶의 비참한 최후(13-16장)

『필리스티아인들이 그를 붙잡아 그의 양 눈을 빼고 그를 가자로 끌고 내려가서 놋 족쇄로 채우니 그가 감옥에서 맷돌 돌리는 일을 하더라』(판 16:21).

이스라엘의 배교와 삼손의 출생

1. 열세 번째 재판관 삼손

『보라, 네가 임신하여 한 아들을 낳으리라. 그의 머리에 삭도를 대지 말지니라. 이는 그 아이가 모태로부터 하나님께 나실인이 될 것임이니 그가 이스라엘을 필리스티아인들의 손에서 구해 내기 시작하리라』(13:5).

반복되는 이스라엘의 배교 속에서 그들을 구원하시려는 하나님의 자비로운 손길은 이제 "삼손"을 통해 나타나는데, 그의 어머니는 아이를 갖지 못하는 불임의 여인이었다(13:2). 특히 하나님께서는 그 아이를 모태로부터 죽는 날까지 "**나실인**"(민 6장)으로 구별시키셨는데(13:7), 이는 배교한 이스라엘을 거룩하게 하시려는 하나님의 의도가 담겨 있다. 이후 아이가 자라자, 주께서는 그에게 복을 주시고 때때로 그를 감동시키심으로써(13:24,25, cf. 삼상 3:19), 이스라엘의 구원자로 예비시키셨다. 이것이 그를 택하신 하나님의 뜻과 목적이었고, 삼손 또한 그런 하나님의 뜻을 신실하게 따라야 했다.

삼손("태양과 같이")은 그 이름의 의미에서 볼 수 있듯이, 이스라엘을 구원하고 대적을 멸하는 위대한 구원자, 곧 "예수 그리스도"의 예표가 될 수 있었다. 하지만 그는 시종일관 하나님께 불순종하며 육신적인 삶을 살다가 결국 망해버린 "배교한 이스라엘"의 예표가 되고 말았다. 그래서 삼손의 출생과 관련하여 자세히 살펴보면, 그는 이스라엘의 구원자를 배출하기에 적합하지 않은 "단 지파" 출신이며, 또한 재판관기 "13"장에서 이스라엘의 "13"번째 재판관으로 세워진 부분은 예사롭지 않다는 게 사실이다(cf. 사울: 삼상 13장, 압살롬: 삼하

13장, 유다 이스카리옷: 요 13장, 적그리스도: 계 13장).

2. 『주의 영』이 임한 삼손

『주의 영이 소라와 에스타올 사이에 있는 단 진영에서 때때로 그를 감동시키기 시작하더라』(13:25).

삼손이 자라기 시작하자, 하나님께서 그에게 복주시고 때때로 그를 감동시키기 시작하셨다(13:24,25). 하지만 삼손은 자신에게 임하신 주의 영이 이스라엘의 구원자로서 주신 하나님의 능력이라는 사실을 외면한 채, 오히려 그것을 세상의 정욕을 위해 사용하고 말았다. 그럼에도 하나님께서는 세 번에 걸쳐 그에게 기회를 주시며, 이스라엘을 구원하도록 그에게 자비를 베푸셨다.

맨 먼저 삼손에게 주의 영이 임한 것은 이방 여인을 얻고자 팀나로 내려갔을 때 일이다. 그때 삼손에게 ❶ 『**주의 영이 강하게 임하시어**』 그를 향해 으르렁거리는 "젊은 사자"(벧전 5:8)를 마치 "새끼 염소를 찢듯이" 찢어 죽였다. 이것은 이스라엘의 구원자로 그를 세우셨다는 것을 일깨우는 중요한 계기였지만, 이에 전혀 아랑곳하지 않고 자기 길을 계속 갔다(14:6,7). 그리고 삼손은 자신이 죽인 사자의 사체에서 꿀을 취함으로써 "나실인의 규례"를 어겼을 뿐 아니라(14:9), 일 년 된 어린양을 "속건제물"로 드리지 않았다(민 6:6-12, cf. 판 15:1). 오히려 그는 이방 가운데서 잔치를 베풀고, 수수께끼를 내며 자신을 뽐내고 있었다. 하지만 이방 "동료들"이 그의 아내를 위협해 수수께끼의 답을 알아내자, 이때 삼손에게 ❷ 『**주의 영이 그에게 임하니**』 아스글론에서 30명을 죽이고, 아내를 내버려둔 채 집으로 돌아와 버렸다(14:19).

나실인의 성별을 위해 하나님께 "일 년 된 어린양"을 드리지 않던 삼손이 아내의 마음을 돌리려고 "새끼 염소 한 마리"를 가지고 그녀를 다시 찾아갔다

(15:1). 하지만 그녀는 이미 다른 사람의 아내가 되어 있었다(14:20; 15:2). 이 사건이 도화선이 되어 삼손은 필리스티아인들의 밭을 태우고, 큰 살육으로 그들에게 복수를 행한다(15:3-8). 이에 분노한 필리스티아인들의 보복 공격에 위협을 느낀 "유다 사람 삼천 명"이 삼손을 묶어 그들에게 넘겼으나(15:11-13), 이때 ❸ 『**주의 영이 그에게 강하게 임하여**』 나귀의 새 턱뼈로 "필리스티아인 일천 명"을 죽인다(15:14,15).

> 이스라엘의 대적 필리스티아인들을 멸하고, 하나님의 백성을 구원할 구원자로 세움을 받은 삼손은 나실인으로서의 거룩함을 유지해야 했다. 하지만 삼손은 자신의 정욕에 따라 이방 여인을 쫓았고, 하나님의 명령에 불순종으로 일관했으며, 개인적 복수심에 불타 제멋대로 행동한 거룩함과는 거리가 먼 사람이었다. 그런 육신적인 삼손에게 "주의 영"이 세 번이나 임한 것은, 오직 이스라엘을 구원하시고자 필리스티아인들을 칠 계기(14:4)를 찾으신 주님의 뜻과 목적에 따른 것뿐이다(롬 9:15-17).

죄에게 정복당한 재판관 삼손

1. 정욕에서 시작된 "불순종의 죄"

> 『내가 팀나에서 필리스티아인의 딸들 가운데 한 여인을 보았사오니 이제 그녀를 내 아내로 삼게 하소서... 그녀가 나를 매우 기쁘게 하니 나를 위하여 그녀를 얻어 주소서.』(14:2,3).

삼손의 아버지 "마노아"는 태어날 자식에게 "마땅히 가야 할 길"을 가르치려는 마음이 있었으나(13:8,12, 잠 22:6), 그의 바람과는 달리 삼손의 마음은 그렇지 않았다. 그는 부모에게도 불순종했고, 늘 육신의 만족이 우선인 삶이었으며, 여느 백성처럼 자기 눈에 옳은 대로 행하며 살았던 것이다. 결국 이러한 죄는 이방 여인에 대한 "정욕(14:1-3)"과 하나님의 규례 곧, "나실인의 규례"에 대한 불순종으로 이어졌다.

삼손이 지켜야 했던 『**나실인**』에 대한 규례는 민수기 6장에 정연하게 기록되어 있다. 하지만 삼손은 ❶ 죽은 시체로 자신을 불결하게 해서는 안 되는 규례에도 불구하고(민 6:6,7), 사자의 사체에 있던 꿀을 취해 먹었고, 또한 이를 숨긴 채 부모에게도 그 꿀을 먹임으로써 극악한 죄를 짓고 말았다(14:9). 또한 ❷ 포도주와 독주 뿐 아니라, 포도나무에서 나는 어떤 것, 즉 씨에서 껍질에 이르기까지 포도에서 나온 것은 그 어떤 것도 먹지 말아야 했다(민 6:3,4). 심지어 이것은 삼손을 밴 그의 어머니에게도 요구된 명령이었다(13:4,7,14). 그런데도 삼손은 포도 생산지 "딤나"로 내려가서 7일간 잔치를 열었고, 그 잔치에서 포도나무의 소산을 먹고 마심으로써 하나님의 명령을 위반하고 말았다(14:5,10, cf. 단 5:1, 요 2:9). 끝으로 ❸ 그는 나실인으로 사는 동안 절대 머리를 깎아서는 안 되었지만, 자신의 죄로 말미암아 대적들에 의해 강제로 머리를 깎이게 되는 수모를 당하기까지 했다(16:19-21).

2. 마귀에게 무릎 꿇은 삼손

『그가 그녀에게 그의 온 마음을 터놓고 그녀에게 말하기를 "내 머리에는 삭도를 대지 아니하였으니 이는 내가 내 어머니의 태로부터 하나님께 나실인이 되었음이라. 만일 내 머리가 깎이면 내 힘이 내게서 떠나고 약해져서 다른 사람들과 같게 되리라." 하자』(16:17).

사자의 사체를 만지고, 그 사체에 있던 꿀을 먹는 것으로 죄의 행보를 내딛었던 삼손은 그 죄에 대해 "하나님"께로 돌이키기는커녕(민 6:9-12), 오히려 새끼 염소를 들고 "이방인 아내"를 찾아갔으며(15:1), 이후에는 "한 창녀"에게로 들어갔고(16:1, 잠 7:10-23, 계 17:5), 끝내는 자신을 패망의 길로 이끈 "데릴라"를 사랑하기에 이르렀다(16:4).

이것은 멈출 줄 모르는 "정욕"(lust)에서 비롯되었으며, 또한 "욕심"(lust)이 잉태하면 죄를 낳고 죄가 장성하면 사망을 낳는다는 말씀대로 이루어진 것이다(약 1:15). 하지만 당장 아무런 일도 일어나지 않자, 그는 계속해서 불순종과 타락의 늪에 빠져든 것이다. **『악한 일에 대한 징벌이 속히 집행되지 않으므로 사람들의 아들들의 마음이 그들 안에서 악을 행하기로 완전히 정해졌도다』**(전 8:11, cf. 시 50:21,22).

하나님께서 계명을 주신 목적은 "마음을 다해 주 너의 하나님을 사랑하라"는 것이다(신 6:5). 만일 하나님의 명령에 깨어 있었더라면, 그는 데릴라의 무릎에 누워 잠들지 않고 오히려 자신의 무릎으로 주님께 다가갔을 것이다. 이렇듯 데릴라의 무릎에 잠들어 버린 삼손은 영적으로 잠든 육신적인 사람의 전형적인 모습을 보여 준다(잠 7:7,8). 그는 히스키야가 바빌론에서 온 사자들에게 자신의 모든 보물창고를 보여 줬듯이(왕하 20:13), 이방 여인에게 그의 온 마음을 터놓고 말았다(14:17, 16:17).

이와 달리 삼손은 그의 온 마음을 주님께 터놓은 적이 없다. 또한 늘 육신의 상태에 있었던 그에게는 "정직한 것"과 "어리석은 것"을 구별할 줄 아는 영적 분별력도 사라진 상태이다(잠 29:11, 마 10:16). 비록 하나님께서 그에게 은혜와 자비와 오래 참으심 가운데 세 번이나 주님의 영이 임하도록 허락하셨건만, 육신적으로 타락해 버린 그는 반복되는 이방 여인의 끈질긴 유혹에 넘어가고 말았다(벧전 5:8). 마음이 주로부터 떠나 육신만 남은 삼손을 결국 주님께서 떠나버리신 것이다(16:20, cf. 삼상 16:14).

3. 삼손의 비참한 최후

『필리스티아인들이 그를 붙잡아 그의 양 눈을 빼고 그를 가자로 끌고 내려가서 놋 족쇄로 채우니 그가 감옥에서 맷돌 돌리는 일을 하더라』(16:21).

육신적인 행보로 일관하던 삼손은 결국 자살로 생을 마감한다. 그는 이방 여인을 신뢰했고, 그의 힘을 자랑했으며(16:3), 재판관으로서의 책무를 잊은 채 그의 마음이 주로부터 떠난 대표적인 인물이다(렘 17:5; 9:23,24). 결국 죄의 종이 되어버린 삼손은 성별의 표식인 자신의 머리카락 곧, 그의 힘을 잃어버렸고, 빛의 역할을 해야 했던 그는 소경이 되고 말았다(16:21). 이제 그는 이방 여인을 보고 싶어도 더 이상 볼 수 없게 되었고, 죄의 길로 다시 돌아갈 수도 없게 되었다. 자신을 기쁘게 하려던 그의 ❶ "육신의 정욕"은 놋 족쇄로 묶였고, 이방 여인을 바라보던 ❷ "안목의 정욕"은 뽑혔으며, 힘을 자랑하며 으스대던 그의 ❸ "생의 자랑"은 맷돌을 돌리는 비참한 짐승의 신세가 되고 말았다.

■ 역사를 통해 교훈을 얻으라(롬 15:4) ■

"기드온"은 주님 앞에서 대체로 옳은 일을 행했던 재판관으로서 장수를 누린 반면(판 8:32), 사울과 압살롬, 그리고 아합 등은 연수를 채우지도 못하고 죽었다. "삼손" 또한 예외는 아니었는데, 이들의 공통점은 하나님을 두려워하지도, 그분의 명령에 순종하지도 않았다는 것이다.

또한 성경에 눈이 뽑힌 대표적인 인물로 삼손 외에도 유다의 마지막 왕인 "시드키야"가 있다. 이들은 하나같이 하나님께 불순종하며, 또한 바라봐야 할 이스라엘의 하나님을 바라보지 않았다. 그렇기에 모두가 눈이 뽑히고 끝내 비참한 죽음을 맞았던 것이다(렘 39:6,7, 왕하 25:7, 대하 36:11-20).

삼손의 마지막 간구와 하나님의 승리

1. 삼손의 마지막 간구

『오 주 **하나님**이여, 내가 주께 간구하오니, 나를 기억하옵소서. 오 하나님이여, 내가 주께 간구하오니, 이번 한 번만 나에게 힘을 주옵소서. 그리하여 나로 내 두 눈을 위하여 단번에 필리스티아인들에게 복수하게 하옵소서』(16:28).

필리스티아인들 앞에서 우스갯짓을 하며 수치와 모욕을 당하는 것은 삼손에게는 견딜 수 없는 일이다. 그렇지만 하나님께서는 이를 통해 그 힘의 원천이 그의 머리카락에 있는 것이 아니라, 하나님께 있음을 깨우치게 하고 계신 것이다. 이제 그의 머리카락은 다시 자라기 시작한다(16:22). 하지만 필리스티아인들은 그들에게 닥칠 재앙을 전혀 모른 채 자만 가운데 기뻐하며 교만해져 있다(16:23-25, cf. 약 4:16). 삼손이 비록 그의 육신적인 삶으로 인해 이방인들을 통한 심판을 겪어야 했지만, 이를 통해 하나님께서 자기 백성을 구원하시는 분임을 또한 보여주고 계신 것이다. 이처럼 하나님께서 삼손의 머리털을 다시 자라나게 하셨듯이, 이스라엘 또한 대환란의 심판을 통해 반드시 회복시키실 것이다. 이것은 오늘날 죄로 인해 낙심해 있는 거듭난 자녀들의 영을 소생시키시는 주님의 사랑과 자비에 관한 귀한 영적 교훈도 담고 있다. 『**영원에 거하시는 높고 우뚝 솟은 분, 그의 이름이 거룩이신 분이 이같이 말하노라. 나는 높고 거룩한 곳에 거하며 또한 통회하고 겸손한 영을 지닌 자와 함께 거하여 겸손한 자의 영을 소생케 하고 통회하는 자의 마음을 소생케 하는도다**』(사 57:15).

이제 눈이 뽑힌 삼손의 마지막 간구를 살펴보도록 하자. 삼손은 주님께 "**나의 죄악들을 용서하시고, 나로 이스라엘을 위해 복수하게 하옵소서!**"라는 기도로 다가갔어야 했다. 하지만 그는 『**내 두 눈을 위하여**』라는 기도로 하나님께 간구하고 있다. 이렇듯 그는 처음부터 마지막 순간까지 철저하게 자기중심적으로 살다간 육신적인 재판관이었다. 그는 이스라엘 백성이 안중에도 없었으며, 하나님의 온전하신 뜻과 그분의 인도하심을 헤아리지도 않았다. 그렇기에 자신에게 나타난 하나님의 능력에 대해 간과해 버렸고 그 뜻과 목적에 무관심했던 것이다. 그래서 하나님께서 재판관기 15장에서 그에 대한 기록을 사실상 종결시키셨고(15:20), 재판관기 16:30에서 비록 그가 죽을 때 죽인 자들이 그가 살아서 죽인 자들보다 더 많았지만, 그에게 주의 영이 임했다는 그 어떤 기록도 허락하지 않으셨다.

■ 삼손을 통해 본 하나님의 능력 ■

❶ 불가능을 가능케 하신다(삼손의 출생, 막 10:27).

❷ 하나님의 뜻과 부르심 안에서 이루어진다(나실인, 고전 1:24-29).

❸ 거룩함 없이는 하나님의 능력도 없다(레 11:45, 요 9:31).

❹ "약한 것"을 통해 강하신 하나님의 능력을 나타내신다(나귀의 새 턱뼈, cf. 소몰이 막대, 장막 못, 맷돌, 고후 12:9).

❺ 육신이 죽어야 온전히 역사하신다(삼손의 죽음, 고후 10:4).

2. 이스라엘의 영원한 재판장

『그후 그의 형제들과 그의 아비 집의 온 가족이 내려와서 그를 취하여 데리고 올라가서 소라와 에스타올 사이 그 아비 마노아의 묘지에 매장하니라. 삼손이 이스라엘을 이십 년 동안 재판하였더라』(16:31).

이렇듯 하나님께서는 자기 백성 이스라엘을 바른 길로 가게 하시려고 그들의 잘못에 대해 징계하셨고, 앞선 열두 명의 재판관들을 그들의 구원자로 세우셨으며, 열세 번째 재판관인 삼손까지 그들을 위해 예비하신 것이다. 그러나 이스라엘은 하나님을 버림으로써 결국 배교의 길을 걸어갔다. 그런데 여기서 우리가 주목해야 할 점은 열세 번째 재판관 삼손이 비록 육신적인 삶을 살았음에도, 신실한 재판관 기드온보다도 더 많은 장을 할애하여 성경에 기록해 놓으셨다는 것이다(13-16장). 이것은 삼손의 엄청난 힘의 근원과 타락한 그의 육신적인 삶에 관한 교훈에만 그 초점이 있지 않다는 사실을 알려 준다.

하나님께서는 이스라엘의 구원자로 삼손을 주셨지만, 그들은 눈앞의 안위만을 위해서 필리스티아인들의 손에 그를 넘겼다(15:11-13). 이러한 일은 약 1,000년의 세월이 흐른 뒤에도 반복되었는데, 이스라엘은 그들의 구원자이신 예수 그리스도를 이방인들의 손에 넘김으로써 같은 죄를 반복하고 만 것이다. 이것이 타락하고 배교한 목이 굳은 이스라엘의 모습이다. 하지만 하나님께서는 그들을 대환란을 통해 고난의 용광로에서 부르짖게 하실 것이고, 회심시키실 것이다. 또한 여느 인간 재판관들과 확연히 다른 온전한 재판관이신 주 예수 그리스도께서 나타나시어 그들을 회복시키실 것이며, 만왕의 왕으로서 영원무궁토록 그들을 다스리실 것이다. 『**주는 우리의 재판장이시요, 주는 우리의 입법자시요, 주는 우리의 왕이시니 주께서 우리를 구원하시리라**』(사 33:22). 무엇보다 재판관 시대의 짧은 안식과는 달리, 재림하시는 주님은 그들에게 영원한 안식을 부여하실 것이다.

제5과
복습문제

1. 이스라엘의 (   )지파 출신이며, (   )번째 재판관인 삼손은 그의 이름이 갖는 의미("태양과 같이")에서 볼 수 있듯이, 이스라엘을 구원하고, 대적들을 멸하는 위대한 구원자, 곧 예수 그리스도의 예표로서의 역할을 할 수 있었다. 하지만 시종일관 그는 육신적인 삶을 통해 하나님께 불순종하며, 끝내 육신으로 망해 버린 자의 대명사가 되고 말았다.

2. 삼손의 아버지 마노아는 "그가 마땅히 가야할 길"을 가르치기로 마음먹었으며, 또한 "나실인"의 규례에 대해서도 분명하게 알고 있었다(13:8,14). 하지만 삼손은 자신의 정욕을 따라 부모에게 불순종했으며, "나실인"의 규례도 무시해 버렸다. (O , X)

3. 주님께서 삼손에게 복을 주시고 때때로 그를 감동시키심으로써(13:24,25, 삼상 3:19), 하나님의 백성을 구원할 구원자로 예비시키셨다. 하지만 그는 자신의 정욕에 따라 이방 여인을 좇아갔고, 개인의 복수심에 따라 행동하는 육신적인 삶을 살았다. 그러한 삼손에게 (   )이 여러 차례 임한 것은, 오직 이스라엘을 구원하시고자는 주님의 뜻과 목적에 따른 것이었다.

4. 삼손은 그의 정욕과 불순종으로 인해 육신은 놋 족쇄로 묶였고, 이방 여인을 바라보던 두 눈은 뽑혔으며, 힘을 자랑하던 그는 감옥에서 짐승처럼 맷

돌을 돌리는 비참한 신세가 되고 말았다(16:21). 이렇게 하심으로써 하나님께서는 그에게서 (　　　)의 정욕, (　　　)의 정욕, (　　)의 자랑을 뽑아 버렸다.

5. 마지막으로 죄에서 돌이킨 삼손은 이스라엘의 복수를 위한 기도를 주님께 드렸으며, 그가 살아서 죽인 수보다 더 많은 수의 필리스티아인들을 죽임으로써 하나님께 영광을 돌려드렸다. (O , X)

■ 복습 문제의 정답은 홈페이지(www.solomonbtc.org)에서 확인할 수 있습니다.

■ 새롭게 깨달았거나 적용할 내용이 있다면 적어 보세요. ■

NOTES

NOTES

제6과
배교를 막는 근본적인 해결책(17-21장)

『그 당시에 이스라엘에 왕이 없었으니 사람마다 자기 눈에 옳은 대로 행하였더라』(판 21:25).

재판관기의 끝

연대기적으로 재판관기의 끝은 마지막 열세 번째 재판관인 삼손의 죽음으로 끝난다. 재판관기 17장부터 21장에 이르는 사건은 모두 재판관기 1,2장의 시대에 일어났던 일들로 보인다. 17장부터 21장은 재판관들의 시대가 얼마나 영적으로, 도덕적으로, 사회적으로 혼란스러웠는지 그 단면을 보여 주고 있다.

로마카톨릭의 기원(판 17,18장)

1. 미카의 종교(17:1-6)

미카는 에프라임 산지에 거했던 이스라엘인으로, 어머니에게서 1,100세켈(12kg)의 은을 훔쳐 갔다가 돌려준다. 돌려준 이유는 자기 귀에 들린 어머니의 저주 때문이었다(2절). 여기서 **미카의 "종교심"**이 엿보인다. **어머니의 저주가 자신에게 임할 것이라는 두려움 때문에 행동을 바꾼 것이다. 말하자면 "두려움"이 종교의 원인이다**. 인간은 **앞날에 대한 두려움** 때문에 종교를 추구한다. **창세기 11장의 인류도 자신들이 온 지면에 멀리 흩어질 경우 닥칠 일들에 대한 두려움 때문에 "탑"을 세웠다(창 11:4)**. 기드온 당시 이스라엘은 아모인들의 신들을 두려워하여 숭배했다(판 6:10). 하나님이 아닌 다른 대상을 두려워하면 그 대상을 우상으로 숭배하는 것이 된다. 『**오직 너희는 주 너희 하나님을 두려**

워하라』(왕하 17:39).

미카는 두려움을 해소하기 위해 신당을 소유한 종교인이 되었다. 그런데 그는 소위 "**종교인**"이면서도 "**도둑질**"을 했다! **종교로는 사람을 변화시킬 수 없다!** 하나님의 말씀으로만 가능한 것인데(『**주의 율법은 완전하여 혼을 회심시키며, 주의 증거는 확실하여 우매한 자를 현명하게 만들고**』 - 시 19:7), 말씀을 가지고 있어도 그것을 실행하지 않으면 결코 변화될 수 없다. 『**그렇다면 다른 사람을 가르치는 네가 네 자신은 가르치지 아니하느냐? 도둑질하지 말라고 선포하는 네가 도둑질하느냐? 간음하지 말라고 말하는 네가 간음하느냐? 우상들을 미워하는 네가 신당 물건을 훔치느냐? 율법을 자랑하는 네가 율법을 위반함으로써 하나님을 욕되게 하느냐?**』(롬 2:21-23). 종교인의 도둑질은 대표적으로 "**목사들의 횡령**"에서 드러난다.

미카의 어머니는 "회개한" 아들을 축복하면서 그 모든 은을 "주께 드린다."라고 하면서 은 200세켈로 『**새긴 형상과 부어 만든 형상**』(3절)을 만들어 준다. 우리는 이를 통해 이 시기가 얼마나 혼란스러운 때인 줄 알 수 있다. 즉 **주님께 은을 드린다고 하면서 그것으로 십계명을 위반하여 우상을 만든 것이다(출 20:4)**. 미카의 어머니는 경건한 척하면서 말했지만 사실 우상 숭배자였다(고전 4:20, 딤후 3:5). **이는 하나님께 찬양을 드린다면서 CCM을 부르고, 예배한다면서 카톨릭적 전통을 실행하는 것과 다르지 않다.**

미카에게는 **『신당』(house of gods, 5절)**이 있었으며 **『에봇과 트라빔』(5절)을 우상 숭배의 도구로** 삼았다. 에봇이 우상 숭배의 도구가 된 것은 기드온 때부터였다(판 8:27). 트라빔은 큰 우상들 옆에 있는 일종의 가족 수호신과 같은 작은 우상들이다(호 3:4). **미카는 자기 맘대로 자기 아들들 중 하나를 제사장으로 삼았다(5절, cf. 왕상 12:31)**. 여기서 성령님께서는 다시 한번 재판관기의 영적 시대상을 정확하게 짚어 주신다. 『**그 당시에 이스라엘에 왕이 없었고 사람마다 자기 눈에 옳은 대로 행하였더라**』(6절).

2. 로마카톨릭적인 요소들(17:7-13)

미카의 종교는 베들레헴 유다 출신의 레위인을 영입함으로써 좀 더 카톨릭적인 요소들을 갖추게 된다. 미카는 이 레위인을 "아버지와 제사장"으로 삼았다. 『**나와 함께 있어 내게 아버지와 제사장이 되라**』(10절). 로마카톨릭 역시 사제들을 부를 때 아버지라는 호칭을 사용한다. 카톨릭에서 말하는 "신부"는 "holy father"(거룩한 아버지)라는 뜻이다. "교황"(Pope)이란 단어도 "아버지"를 의미하는 헬라어 "파파스"에서 나왔다. 이 모든 것들의 기원이 B.C. 1400년경에 있었던 사건을 다루는 재판관기 17:10에 분명하게 기록되어 있는 것이다. 그러나 예수님께서는 종교 지도자의 호칭에 관해 다음과 같이 말씀하셨다. 『**또 땅에 있는 사람을 너희 아버지라 부르지 말라. 이는 너희 아버지는 한 분, 곧 하늘에 계신 분이시기 때문이라**』(마 23:9).

미카는 이 레위인에게 "빈곤 서약"을 하게 했다. 『**그리하면 내가 해마다 은 열 세켈과 옷 한 벌과 네 양식을 주리라**』(10절). 미카는 그에게 해마다 은 열 세켈과 옷 한 벌과 양식을 주겠다고 말한다. 이것이 바로 로마카톨릭의 "빈곤 서약"이다. 즉 카톨릭에서는 사제들이 서품을 받아 임명될 때, 자기들은 음식과 옷을 필요한 만큼만 가질 것이라고 맹세하는 것이다.

미카는 자신의 인간적인 권위로 레위인을 성결하게 했다. 『**미카가 레위인을 성결하게 하였더니**』(12절). 즉 이 레위인 제사장은 하나님께서 성결하게 하시고 하나님께서 세우신 제사장이 아니라 인간이 임의로 세운 제사장이었다(민 16:9-11). 오늘날에도 인간적인 권위로 자기들 멋대로 제사장들을 세우는 집단이 있는데, 그들이 바로 로마카톨릭이다. 교회 시대에는 구약 시대처럼 어떤 특별한 제사장 그룹이 존재하지 않는다(벧전 2:5).

미카가 세운 가짜 제사장은 우상 숭배의 도구들로 가득 찬 신당에 거했다. 『**그 청년이 미카의 제사장이 되어 미카의 집에 있더라**』(12절). 『**이 사람 미카**

에게는 한 신당이 있으므로』(5절). 카톨릭도 마찬가지다. 그들의 성당에는 마리아 경배, 형상 숭배, 유품 숭배, 성체성사, 묵주, 촛불, 등잔불, 죽은 자를 위한 기도, 각종 우상 등으로 가득 차 있다. 사실이 이러한데도 미카는 자신이 복을 받을 것이라고 착각했다. 『**그때 미카가 말하기를 "이제 레위인이 내게 제사장이 되었으니 주께서 내게 복을 주실 줄 아노라." 하더라**』(13절). 로마카톨릭 역시 자기들이 예수 그리스도께서 세우신 교회요, 유일한 정통 교회라고 생각하면서 하나님의 복을 받게 될 것이라고 착각하고 있다.

3. 미카의 종교에서 단 지파의 종교로(18:1-31)

단 지파에서 정탐을 보낸 다섯 명의 사람들이 미카에 집에 유숙하게 된다. 그때 그들은 미카의 집에 레위인 제사장이 있고, 또한 그와 함께 우상 숭배의 도구들이 갖추어져 있음을 보고서 그 레위인 제사장에게 이곳에서 무엇을 하고 있는지 물었다(3절). 그러자 레위인 제사장은 이렇게 대답했다. 『**미카가 나를 이러이러하게 대했으며 나를 고용하기에 내가 그의 제사장이 되었노라**』(4절). 그렇다! 이 가짜 레위인 제사장은 쉽게 말해서 『삯꾼』이었던 것이다. 양무리에는 관심이 없었고, 자신이 얻는 이득에만 관심이 있는 자였다(요 10:10,11). 게다가 미카의 집에 있던 레위인 제사장은 우상을 사용하는 "우상 목자"였다(슥 11:16,17). 이것은 로마카톨릭적이고 적그리스도와 연관된 모습이다. 하지만 일종의 고용된 성직자로서 양무리보다 더러운 이익을 더 좋아하며 자신의 배를 섬기는 자들은 로마카톨릭에만 있는 것이 아니라 배교한 교회들 안에도 있다(롬 16:18, 딤전 6:5, 딛 1:11 vs. 딤전 3:8, 딛 1:7). 이 가짜 제사장은 우상 숭배를 하면서도 자신이 하나님께 무언가를 물을 수 있는 것으로 생각한 거짓 선지자이기도 했다(신 13:1-3).

단 지파는 가짜 제사장의 축복에 용기를 얻어 시돈인들의 방식에 따라 사는

『**라이스**』(7절, 레셈)를 차지하러 가기로 결정한다. 라이스에는 시돈인들이 살고 있었고, 시돈은 바알 숭배의 중심지였다(왕상 16:31-33). 단 지파는 이제 라이스를 향해 올라가면서 **가짜 제사장이자 거짓 선지자인 이 레위인에게 "더 좋은 조건"을 제시**한다. **오늘날로 말하면 화려한 교회 건물, 더 많은 수의 교인들, 엄청난 교회 자산과 부동산, 천문학적인 헌금 액수, 기본적으로 제공되는 고급 외제차와 사택, 거액의 연금, 거액의 사례비, 전별금 등에 해당**될 것이다. 본래부터가 삯꾼인지라, 이 레위인은 한 지파 전체의 제사장이 되었고, 한 지파 전체를 위해 신당을 운영하기로 결정하고 따라나섰다. 물론 그의 신들, 곧 우상 숭배의 도구들을 가지고 갔다(20절). 이에 미카는 그의 이웃과 함께 추격하여 단 지파를 따라잡았고 **『내가 만든 내 신들과 제사장』(24절)을 돌려 달라**고 항의했다. 미카는 자신이 신들을 만들었다고 했다. 어떻게 인간이 신을 만든단 말인가? **신을 제조할 수 있다면 신을 만드는 자는 하나님이 아닌가?** 하나님께서는 이사야 44장에서 인간의 그와 같은 어리석음을 조롱하고 계신다. 『**그후에 그 나무가 사람에게 땔감이 되나니 이는 그가 그것을 가져다가 자신을 따뜻하게 하며, 실로 그가 그것으로 불을 붙여서 빵도 굽고, 실로 그것으로 신상도 만들어서 경배하며, 그것으로 새긴 형상도 만들어서 거기에 엎드리기도 함이로다. 그가 그 중에 일부는 불에 태우고 그것의 일부로는 고기를 삶아 먹기도 하며, 고기를 구워서 배부르게도 하는도다. 실로, 몸을 따뜻하게 하고는 말하기를 "아하, 내가 따뜻하다. 내가 불을 보았구나." 하며 그 나머지로 신상, 즉 새긴 형상을 만들어서 그 앞에 엎드리며 경배하고 그것에게 기도하며, 말하기를 "나를 구하소서. 당신은 나의 신이라." 하는도다**』(사 44:15-17).

자신의 신들과 에봇과 제사장을 빼앗긴 미카는 이렇게 말했다. 『내게 무엇이 남아 있느냐?』(24절) 아무것도 없다. 그는 전부 잃

어버렸다. 이것이 바로 "미카의 종교"이다. "신들과 에봇과 제사장"을 잃어버 리면 아무것도 남아 있는 게 없는 종교가 바로 로마카톨릭이다. 카톨릭의 묵주, 양초, 기도서, 교회, 그리고 사제를 빼앗아 간다면 그들의 종교는 사라지는 것이다! 그러나 성경대로 믿는 그리스도인의 종교는 빼앗기지도 사라지지도 않는다. 성경을 불태운다 해도 그 성경의 원본은 셋째 하늘에 있다. 『**오 주여, 주의 말씀은 영원히 하늘에 세워졌나이다**』(시 119:89). 찬송가를 빼앗는다 해도 우리의 찬송은 우리의 마음에 있고 또 새롭게 곡조를 만들 수 있다. 『**시와 찬송과 영적인 노래들로 너희에게 말하고 너희 마음으로 주께 노래하며 곡조를 만들고**』(엡 5:19). 또 교회 건물은 빼앗을 수 있어도 진짜 교회, 곧 "그리스도의 몸인 교회"(골 1:24)는 빼앗을 수 없다. 그들이 우리의 제사장만큼은 죽일 수도 빼앗을 수도 없는 것은, 그 제사장께서는 지금으로부터 2천 년 전에 "죽었다가 부활하셨고" 지금은 셋째 하늘에서 아버지의 오른편에 앉아 그리스도인들을 위해 대제사장으로서 중보하고 계시기 때문이다(롬 8:34, 히 7:25; 3:1). 하지만 로마카톨릭은 그들의 양초를 꺼 버리고 그들의 묵주를 부숴 버리고 사제를 죽이고 미사용 빵과 포도주를 음식물 쓰레기통에 버려 버리면 그들의 종교는 사라지게 된다.

미카의 개인적인 우상 숭배 종교는 "**아버지와 제사장**"을 둔 **단 지파** 전체의 종교가 되었고, 바로 이 종교가 로마카톨릭의 기원이 되었다. 단 지파는 B.C. 1400년경부터 배교하기 시작하여 B.C. 721년 북왕국 이스라엘이 앗시리아에 의해 정복당하기까지 무려 700년간 배교의 상태에 놓였다. 이로 인해 **요한계시록에서는 주님께서 대환란에서 지키실 이스라엘의 144,000명에서 제명되어(계 7장) 대환란을 보호받지 못하고 통과하게 된다**. 그들은 적그리스도의 종교에 너무나 깊숙이 빠져들었던 것이다(창 49:17; 3:15, 신 33:22).

레위인과 그의 행음하는 첩, 그리고 내전(판 19,20장)

1. 레위인과 그의 행음하는 첩(19:1-9)

『**이스라엘에 왕이 없었던 그때에 에프라임 산지 옆에 우거하는 어떤 레위인이 있었는데, 베들레헴유다에서 그가 한 첩을 취하였더니**』(1절). 미카와 관련된 사건과 마찬가지로 이 사건은 『**에프라임 산지**』에 거했던 어떤 『**레위인**』이 『**베들레헴유다**』에서 한 첩을 취하는 것으로 시작되고 있다. 그런데 이 첩은 음행하는 여자였다. 그렇게 음행하고 자기 남편을 떠났다가 돌아오면서 비극적 결말을 맞게 되었는데(19:25), 즉 이 첩은 자신이 뿌린 대로 거두었던 것이다(갈 6:7,8).

2. 기브아에서 유숙하는 레위인과 그의 첩(19:10-30)

이 레위인이 그의 첩을 달래서 집으로 돌아가는 도중에 기브아에서 하룻밤을 보내게 된다. 이 레위인은 그를 맞이해 주는 노인을 만나 그의 집에서 유숙하게 되는데, 그곳에는 동성연애의 죄를 즐기는 사악한 벨리알의 아들들이 살고 있었다. 『**이제 그들이 마음을 즐겁게 하고 있을 때에, 보라, 그 성읍의 사람들인 어떤 벨리알의 아들들이 그 집을 에워싸고 문을 두들기며 그 집 주인 노인에게 고하여 말하기를 "당신 집에 들어온 그 사람을 끌어내라. 우리가 그를 알고자 함이라." 하니**』(22절).

노인은 자기 딸과 레위인의 첩을 차라리 내주겠다고 했는데, 이때 레위인이 자신의 첩을 사악한 죄인들에게 내어 주었고, 그들은 그 첩을 밤새도록 욕보이다가 죽게 했다(25-28절). 이에 그 첩을 나귀에 싣고 집으로 돌아온 레위인은 그녀의 몸을 두 손, 두 발, 두 정강이, 두 허벅지, 두 팔뚝, 두 어깨, 이상 열두 조각으로 나누어 이스라엘 각 지파에게 보냈다.

성경에 왜 이런 일이 기록되어 있을까? 그것은 성경이 "현실세계"를 다루고 있기 때문이다. 성경은 포르노 잡지와 달리 죄를 결코 매력적인 것으로 묘사하지 않는다. 성경은 음행자들, 간음자들, 남색자들, 레즈비언들, 창녀들이 그들의 죄에 대해 어떤 열매를 거두는지 보여 준다. 『그들은 이 같은 일을 행하는 자들이 마땅히 죽음에 처해져야 한다는 하나님의 심판을 알면서도 이 같은 일을 행할 뿐만 아니라 이런 일을 행하는 자들을 좋게 여기느니라』(롬 1:32).

3. 기브아를 치려고 모인 이스라엘 지파들(20:1-48)

사건의 전말을 알게 된 이스라엘은 단에서 브엘세바까지 모든 지파들의 우두머리와 보병들이 모였는데 보병의 숫자가 400,000명이었다. 그러나 죄를 지었던 기브아가 속한 베냐민 지파는 모이지 않았는데, 그들은 율법을 거슬러 죄를 지은 벨리알의 아들들을 처단하기보다 감싸 주기를 원했던 것이다. 오히려 베냐민 지파는 26,000명과 명사수 700명을 보내 이스라엘을 대적한다(12-17절).

이스라엘 자손은 올바른 이유로 올바른 일을 하려고 모였으며, 주 하나님께 나아와서 조언을 구하기까지 했다. 『이스라엘 자손이 일어나서 하나님의 집에 올라가 하나님의 조언을 구하여 말하기를 "우리 중에 누가 먼저 베냐민 자손을 치러 올라가리이까?" 하니 **주**께서 말씀하시기를 "유다가 먼저 올라가야 하리라." 하시니』(18절). 그러나 이스라엘 자손은 베냐민 앞에서 두 번이나 패하고 만다(21,25,26절). 왜 그랬을까? 다음의 표를 보라!

〈전쟁을 시작하기 전〉	〈패배하고 난 후〉
우리 중에 누가 먼저 베냐민 자손을 치러 올라가리이까?(18절)	내가 내 형제 베냐민 자손을 대적하여 싸우러 다시 나가야 하리이까? 아니면 그만두리이까?(28절)

위의 표에서 "왼쪽의 기도"는 베냐민을 치러간다는 것을 기정사실로 먼저 정해 놓고 한 기도였다. 즉 하나님께 묻기도 전에 이미 자신들이 베냐민을 치기로 결정한 것이다. 그러나 "오른쪽의 기도"는 **"베냐민을 칠 것인지 말 것인지"에서부터 모든 결정권을 하나님께 맡긴 올바른 기도**이다. 40,000명을 잃고 나서는 제대로 기도하게 된다. 그 뒤로는 『**주께서 이스라엘 앞에서 베냐민을 치시므로**』(35절) 이스라엘이 이기게 된다.

이스라엘이 기도 응답을 받은 데는 그만한 이유가 있었다. 그들은 먼저 "올바른 질문"을 하나님께 드렸다(28절). "올바른 회개"로 하나님께 나아갔고(26절), "올바른 장소"로 나왔다(26,27절, 하나님의 언약궤가 있는 하나님의 집). "올바른 사람"을 통해 하나님께 나아갔으며(28절, 제사장 『피느하스』), "합당한 제물"을 드리며 하나님께 나아갔다(26절).

우리는 기도할 때 "주여, 주께서 원하시는 대로 이뤄 주십시오."라고 해야 한다. 원하시지 않으면 하지 않겠다는 자세가 필요하다. 무조건 "이것도 주시고 저것도 주십시오." 하지 않아야 한다. 또한 회개는 필수이며, 올바른 중재자인 "예수 그리스도"를 의지해서 나아가야 한다. 『그의 이름에 감사하는 우리 입술의 열매』라 불리는 『찬양의 제물』(히 13:15)을 가지고 나아가야 한다. 또한 확실한 기도 응답을 받을 때까지 "쉬지 말고 기도해야" 한다(살전 5:17).

재판관기 시대의 암울한 시대상(판 21장)

재판관기는 21장으로 끝이 난다. 불순종으로 시작한 재판관기는 재판관들을 통한 구원과 평화의 때가 종종 있었지만 시종일관 배교와 대혼란으로 점철된 책이다. 이 마지막 장에서도 마찬가지이다.

① 이스라엘은 자기들 마음대로 베냐민에게 딸들을 주지 않기로 맹세하고, 그 탓을 주 하나님께로 돌린다(1-3절).

② 이스라엘은 자신들이 만든 문제를 자신들의 방법으로 해결하기 위해 야베스길르앗 거민들을 몰살시키고 400명의 처녀들만 남겨 둔다(5-15절).

③ 또다시 하나님께 묻지 않고 자신들의 인간적인 지혜를 사용하여 200명의 처녀들을 실로에서 "납치"하여 문제를 해결하려고 한다(19-22절).

④ 이스라엘 자손은 자신들이 문제를 올바로 처리한 것처럼 자신들의 지파와 유업으로 돌아간다(23,24절).

전능하신 주 하나님의 백성으로 택함을 받고, 하나님으로부터 위대한 율법도 받은 이스라엘 자손들이 도저히 납득할 수 없는 비정상적이고 비성경적인 행위들을 하고 있는 것이다. 사실 이것이 재판관들의 시대 전체를 아우르는 모습이었다. 이유가 무엇인가? 재판관기의 마지막 구절은 이 모든 것을 이렇게 요약해 주고 있다. 『**그 당시에 이스라엘에 왕이 없었으니 사람마다 자기 눈에 옳은 대로 행하였더라**』(25절).

■ 새롭게 깨달았거나 적용할 내용이 있다면 적어 보세요. ■

결론 : 마지막 배교의 시대에 배교하지 않기 위한 방법

불순종, 우상 숭배, 대혼란, 배교로 점철된 재판관들의 시대는 우리에게 두 가지 진리를 시사하고 있다. **첫째, 인간은 하나님의 개입 없이는 쇠락할 수밖에 없다는 성경적 진리이다. 둘째, 우리가 사는 마지막 교회 시대, 곧 라오디케아인들의 교회 시대 역시 재판관들의 시대처럼 불신과 타락과 배교로 점철된 시대이다**. 오히려 우리는 재판관기를 통해 이 마지막 배교의 시대에 주시는 그 교훈을 곱씹고 또 곱씹어야 한다.

1. 믿음과 실행의 "최종권위"가 실제로 왕 노릇하고 있는지 살펴보아야 한다!

『**왕의 말이 있는 곳에는 권위가 있나니**』(전 8:4). 〈한글킹제임스성경〉을 손에 들고 있거나 집에 소장하고 있는 것으로 충분하지 않다. 나의 마음과 생활과 가정과 섬김의 모든 영역에서, 주 예수 그리스도께서 하나님의 말씀의 그 강력한 능력을 통해 실제적으로 다스리고 계신지 살펴보아야 한다! 주 예수 그리스도를 알고 하나님의 말씀을 아는 지식을 지속적으로 향상시키고 연마해야 한다!

2. 성령님의 강력한 능력을 힘입어야 한다!

세상에 있는 모든 것은 쇠하고 낡아지고 악화되기 마련이다. 그러나 오직 성령님의 강력한 능력만이 믿음을 더욱 굳건하게 해 주고 지속적으로 발전시켜 모든 대적들을 정복할 수 있게 해 준다. 종국에는 우리로 하여금 모든 물리적인 법칙들을 초월하게 해서 저 셋째 하늘까지 솟구쳐 올라가게 해 줄 것이다. 『**또 그의 강력한 능력의 역사하심을 따라 믿는 우리에게 향하신 그의 능력의**

지극히 위대하심이 어떤 것인가를 너희로 알게 하시기를 원하노라』(엡 1:19).

3. 성경대로 믿는 지역 교회 안에서 하나로 결집해야 한다!

주님과의 교제는 개인적인 것이지만, 섬김과 사역과 하나님께 영광을 돌리는 일은 지역 교회 안에 하나로 모일 때만이 온전한 힘을 발휘할 수 있다. 『**우리 모두가 믿음의 하나 됨과 하나님의 아들을 아는 지식의 하나 됨에 도달하게 하고 온전한 사람이 되어 그리스도의 충만하심의 장성한 분량에까지 이르게 하려 하심이라.**』(엡 4:13). 자기 잘난 맛에 살고 자기 권리만을 외치는 "라오디케아인들"이 되지 말고, 하나님을 사랑하고 하나님의 교회와 형제들을 사랑하는 "필라델피아 성도들"이 되어야 한다.

4. 만왕의 왕, 만주의 주께서 나타나실 때까지 끝까지 싸워야 한다!

『**믿음의 선한 싸움을 싸우라. 영원한 생명을 붙잡으라. 이를 위하여 네가 또한 부르심을 받았고, 많은 증인들 앞에서 선한 고백으로 고백하였느니라... 자기 때가 되면 주께서 나타나시리니 그분은 복되시고 유일하신 통치자시요, 만왕의 왕이시며 만주의 주시라**』(딤전 6:12,15). 우리가 이러한 중대한 교훈들을 기억하고 매일 실행으로 옮길 때, 우리는 이 마지막 시대의 배교에 역행할 수 있다. 그러할 때 주 예수 그리스도를 진정으로 사랑할 수 있으며, 다른 성도들과 함께 영적 전쟁에서 승리하여 주님 앞에 서기에 합당한 성도가 될 수 있다!

■ 새롭게 깨달았거나 적용할 내용이 있다면 적어 보세요. ■

제6과 복습문제

1. 미카의 어머니는 경건한 언어를 썼지만 우상 숭배자였다(고전 4:20, 딤후 3:5). (O , X)

2. 미카의 종교는 오늘날의 로마카톨릭과는 관계가 없다. (O , X)

3. 재판관기 19,20장의 끔찍한 사건을 당한 레위인의 첩은 아무 잘못이 없는 무고한 희생자였다. (O , X)

4. 이스라엘 자손은 베냐민 앞에서 두 번이나 패해서 40,000명을 잃고 망연자실했는데, 그 이유는 처음부터 그들이 하나님께 올바른 기도로 조언을 구하지 않았기 때문이다. (O , X)

5. 재판관기를 통해서 얻을 수 있는 교훈은, 당시처럼 극심하게 타락하지 않고 배교하지 않기 위해 "왕의 말," 곧 하나님의 말씀을 실제적인 마음과 생활과 섬김의 최종 권위로 삼고, 성령님의 강력한 능력을 힘입으며, 하나님께서 세우신 성경대로 믿는 지역 교회를 통해 결집된 힘을 모아 하나님의 목적을 이루고 영적 전쟁을 이루되, 그것을 만왕의 왕, 만주의 주께서 오실 때까지 해야 한다는 점이다. (O , X)

■ 복습 문제의 정답은 홈페이지(www.solomonbtc.org)에서 확인할 수 있습니다.

재판관들의
활동과 전쟁
재판관들의 전쟁 경로
이방인들의 침략 경로
지중해
(큰바다)
시리아
(아람)
하우란
암몬
모압
에돔
(메소포타미아)
네게브
블레셋
긴네렛
바다
사해
(염해)
요단강
시돈
사르밧
알랍
두로
단
케데스
하솔
악십
악고
드보라 바락
기드온
입다
돕
길보아산
다볼산
므깃도평원
므깃도
이스르엘
벳스안
라못 길르앗
세겜
실로
벧엘
여리고
예루살렘
헤브론
브엘세바
가사
아스글론
욥바
다메섹
다마스커스

NOTES

복습 문제 정답

제1과

1. X
2. 일곱
3. 믿음, 우상
4. 에훗
5. 말씀, 막대기들

제2과

1. O
2. X
3. 적그리스도
4. X
5. O

제3과

1. X
2. 기드온
3. 아마겟돈
4. O
5. 적그리스도
6. 죄

제4과

1. X
2. X
3. O
4. O
5. O

제5과

1. 단, 13
2. O
3. 주의 영
4. 육신, 안목, 생
5. X

제6과

1. O
2. X
3. X
4. O
5. O

< 추 천 도 서 >

하나님의 나라와 천국

피터 S. 럭크만 지음 / 258쪽

12,000원(eBook 8,400원)

천국(Kingdom of Heaven)과 하나님의 나라(Kingdom of God)를 정확히 구분하고 하나님께서 각 왕국을 어떻게 다루시는지 알려준다.

"성경"을 모르는 민족은 망했다

피터 S. 럭크만 지음 / 248쪽

12,000원(eBook 8,400원)

성경 첫머리(창 1:1)는 "역사"의 시작을 다루고 있다. 하나님께서는 역사를 미리 기록하시어 인류 앞에 제시하셨다.

성경지도

편집부 지음 / 188×260 112쪽

10,000원

이 책 한 권으로 성경의 지리들을 이해함과 동시에, 구약과 신약에 있어 개론적으로 알아야 할 모든 것들을 이해할 수 있게 된다.

예수 그리스도의 재림

클라렌스 라킨 지음 / 126쪽

5,000원(eBook 3,500원)

이 책은 예수 그리스도의 재림에 관해 자세하게 보여 주며, 재림에 관한 온갖 거짓 교리들을 성경적으로 비평한다.

솔로몬 성경공부 시리즈

재판관기

인간 쇠락의 법칙을 보여 주는 재판관들의 이야기

초판인쇄 2023년 7월 14일
초판발행 2023년 7월 21일
지 은 이 / 편 집 부
발 행 인 / 박 승 용
발 행 처 / 말씀보존학회
출판등록 / 제409-2022-000036호
주 소 / 서울 강서우체국 사서함 제90호
전 화 / (02) 2665 - 3743
팩 스 / (02) 2665 - 3302
인 터 넷 / www.biblemaster.co.kr
판권소유 / 말씀보존학회

잘못된 책은 바꿔 드립니다.

값 10,000 원